이제
오븐을 켤게요

문현준 지음

isonomia'

이 책의 시작을 함께해 주셔서 감사합니다.

이우상	오근영	남기환
장형원	임강은	이하윤
송은경	유경미	황정미
김철우	윤서영	송은주
김미애	김미희	윤석임
문석준	김해경	양송이
임정혜	강동호	Lu yizhen
김범수	구종화	Gina Shao
김민정	김충섭	오가형
이승희	이다위	인우진
김현정	김정아	안종민
이재영	WANG YU HUAN	박승민
MJ	LIAO YINGRU	안남현
고휘경	권주연	박여해
이다예	장민정	엄도경
박종복	정윤진	최현아
오수향	박연진	신다정
정희정	이봄	구희선
조여용	최윤희	김나영

menu

프롤로그 글을 시작하며 · 08

빵과 베이킹 이야기
반죽과 함께한 시간들

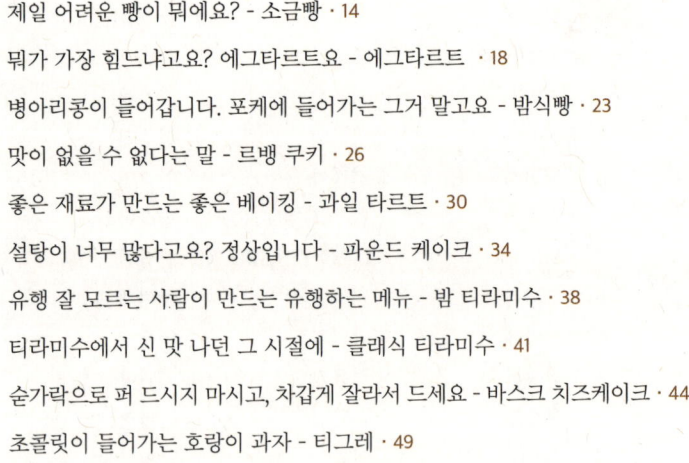

제일 어려운 빵이 뭐에요? - 소금빵 · 14

뭐가 가장 힘드냐고요? 에그타르트요 - 에그타르트 · 18

병아리콩이 들어갑니다. 포케에 들어가는 그거 말고요 - 밤식빵 · 23

맛이 없을 수 없다는 말 - 르뱅 쿠키 · 26

좋은 재료가 만드는 좋은 베이킹 - 과일 타르트 · 30

설탕이 너무 많다고요? 정상입니다 - 파운드 케이크 · 34

유행 잘 모르는 사람이 만드는 유행하는 메뉴 - 밤 티라미수 · 38

티라미수에서 신 맛 나던 그 시절에 - 클래식 티라미수 · 41

숟가락으로 퍼 드시지 마시고, 차갑게 잘라서 드세요 - 바스크 치즈케이크 · 44

초콜릿이 들어가는 호랑이 과자 - 티그레 · 49

다 함께 원하는 방식으로 꾸며 보아요 - 부쉬 드 노엘 · 53

딱 3가지가 들어가는 쿠키입니다. 설탕, 밀가루, 버터 - 사브레 · 57

힘든 것에 힘든 것 모아놓기 - 크루아상 · 60

아무리 생각해도 두 번 성공할 자신이 없을 때 - 퀸아망 · 63

내가 좋아하는 그리고 힘든 메뉴 - 초코 케이크 · 67

1박 2일로 빵 만드실 분 계실까요 - 치아바타 · 71

안 돼서 될 때까지 해 본 메뉴 - 대만 카스텔라 · 74

사람들은 또카번이라고 불렀다 - 모카번 · 77

설명 한 줄이라도, 재료 하나라도 빼는 - 레시피 · 81

안 먹어본 음식의 맛을 상상해 보셨나요 - 맛 상상하기 · 84

그대로 해 보아요 - 바스크 치즈케이크 레시피 · 88

베이킹 공간과 그곳을 찾는 사람들

을지로에서 오븐을 여는 이유

요리도 베이킹도 안 해봤는데요 -초보 참여자 · 94

함께 베이킹을 했던 사람들 - 단골에 대하여 · 98

그렇게 심각한 일이 아니라면 조용히 지나가 -함께 활동한 그 사람에게 · 104

못 가겠는데요 - 안 오는 사람들 · 107

테이블을 잘 보세요. 문짝이거든요. -리오네 커피 · 110

레트로 다방 그리고 트로트 스타 포스터 - 세운나 다방 · 114

시간이 지나도 그대로인 것 - 방산시장 · 118

평양냉면인데 내가 아는 평양냉면 아닌 맛 - 우래옥 · 121

이제는 못 먹는 굴짬뽕 -동회루 · 125

직장인 구경하기 - 스타벅스 을지트윈타워 · 128

비둘기, 앵무새, 노숙자, 쓰레기, 방문객들 -세운상가 옆 청계천 · 131

바이브(Vibe)가 뭔지 모르겠지만 아마 종묘 바이브가 있다면
이곳입니다 - 다시세운광장 · 135

menu

베이킹 공간을 만들다
오븐을 둘 곳을 찾는 여정

그냥 소중한 추억 말고 다른 것 -공간의 필요성 · 142

결정은 제가 하는 거고요 -입금한 날 · 146

그러니까 인테리어 어떻게 하는 건데요 -인테리어 계획 · 149

사장님은 혹시 알고 있지 않았을까 -바닥 공사 · 153

바닥은 생각보다 수평이 아니다 -셀프 인테리어와 템바 보드 · 158

액자와 액자보다 중요한 것 - 벽 액자 데코 · 163

복도가 따로 있어야 하는 이유 -중문과 공간 구분 · 168

앤틱 탁자 찾아 삼만리 -작은 앤틱 탁자 · 172

가게에는 간판이 있어야지 -간판 디자인 · 177

빵과 함께한 삶

베이킹이 바꾼 일상들

독일 룸메이트가 맛본 스테이크 - 바싹 탄 스테이크 · 182

개구리는 잡아와 아니면 농장이 있어? - 파리의 개구리 요리 · 187

생일로 해 준 계란밥 - 계란밥 · 191

들어서는 순간 이곳이다 생각했던 곳 - 영국의 펍 · 195

까다로운 동생이 인정한 홋카이도 명물 - 르타오 케이크 · 198

날씨가 덥네 - 독일 마트 앞 케밥 트럭 · 203

주임아 공기청정기 조심해라 - 돌이켜 본 대표의 말 · 207

스트레스는 위를 부풀게 한다 - 휴가 쓰기 · 211

가서 사장님 술 좀 따라야지 - 회식의 기억 · 215

먹고 살자고 하는 일인데 밥들 먹으면서 해 - 대표의 미소 · 220

매너다, 매너야, 매너라고 - 커피 나르고 들은 말 · 223

대표님, 사장님, 선생님, 현준님 - 마음에 드는 호칭 · 228

에필로그 생각보다 안 저렴한 취미를 하는 이유 · 232

프롤로그

글을 시작하며

아파트에 있던 모래 깔린 놀이터에 키보다 높은 철봉이 있었다. 어렸을 적 나는 그걸 놓치면 죽는 게 아닐까 생각했다. 그 정도 높이에서 떨어지면 그저 모래판 위에 내려앉을 뿐이라는 것을 곧 알게 됐지만.

나는 무서워하는 것이 참 많았다.

더 이상 철봉에 매달리지 지 않는 나이가 되고 나서는 인터넷에서 신기한 사실을 찾아냈다. 우주가 점점 커지고 있다는 것이었다. 파장의 파동이 늘어나면 적색편이 라는 것이 생기는데, 이것을 관측하면 우주가 점점 커지고 있다는 것을 알 수 있다나? 그 속도가 점점 빨라지고 있다고 했다. 끝이 어디인지 알 수 없는 우주가 점점 커지는데 우리는 어디로 가며 과연 그 끝은 어떻게 생겼을까? 우주라는 바다에 떠밀려서 우리는 어디로 가고 있는 걸까?
 그날 밤 나는 잠이 잘 오지 않았다.

 굳이 우주까지 가지 않아도 세상에는 무서운 것이 참 많다. 다음에 한번 보자고 하고 멀어져 간 그 친구는 나를 어떻게 기억하고 있을까? 좋은 소식을 전하겠다는 저 이방인은 실로 무엇을 하고 싶은 것일까? 거창한 가치를 논하는 저 선생님의 사업은 어떤 수익구조를 갖는 것일까? 지금 내가 하고 있는 선택이 나중에 돌아봤을 때 후회하지 않을, 그런 것일까? 지금의 내가 절대로 되고 싶지 않다 생각한 그 모습, 그 자리에 혹, 미래의 내가 있지는 않을까? 어느 날 자리에서 일어나지 못한다면 다음에는 어떤 일이 일어날까? 이런 현실적인 상상에 비교하면, 내 스스로가 우주의 조류에 떠밀려 어딘가로 멀어져 간다는 것은 그저 귀여운 사실에 불과할 지 모른다.

 그래, 인생은 원래 무서운 것이 많으니까.

하고 싶은 것을 모두 할 수도 없고, 어떤 마지막이 있을 지도 알 수 없으니까.

그래서 나는 빵과 쿠키를 만든다. 별 생각 없이 만든 것들을 다른 사람들에게 주곤 한다. 그렇게 건넨 무언가가 그 사람들을 기쁘게 하리라 믿으면서, 그 믿음이 내 마음속 무서움을 조금 덜어낸다고 생각하면서.

분명, 이런 생각을 하는 사람이 나 뿐만이 아닐 것이다. 그래서 다들 빵과 쿠키를 열심히 굽고 또 주위에 나눠주는 것이겠지. 그런 사람들이 있어서, 내 생각에 공감해 주는 사람들이 있어서, 이 책을 쓸 수 있었다.

PART 01

빵과 베이킹 이야기

반죽과 함께한 시간들

제일 어려운 빵이 뭐에요?

소금빵

베이킹을 한 번도 해 본 적 없는 사람들과 함께 베이킹을 진행하다 보면 듣게 되는 질문들이 있다. '호스트님 이전에는 뭐 하셨어요?' '어 이전에는 무역회사 다녔구요… 어쩌다 보니 이러고 있네요.' '가장 좋아하는 카페나 빵집은 어디인가요?' '을지로 3가 근처에 어딜 갔는데 거기 무스케이크가 맛있어서 좋았어요. 안에 잉어 들어간 어항도 큰 거 하나 있는 게 인테리어도 제 취향이더라구요.' '함께 베이킹 하는데 제일 어려운 빵은 무엇인가요?'

항상 고민하게 되지만, 내 답변은 항상 같다.
'소금빵이요.'

베이킹 메뉴들은 제각각 조금씩 까다로운 부분들이 있지만, 그 까다로움이 소금빵에서는 더욱 크게 드러난다. 사람들 개개인의 손동작에 큰 영향을 받기도 하고, 한 번 과정을 진행하고 나면 이전으로 돌아갈 수 없는 데다가, 반죽 개수가 정해져 있으니 해 볼 수 있는 기회도 제한된다.

소금빵은 단순히 반죽을 얼마씩 나누어서 쿠키를 만들자고 하거나 눈대중으로 얼마까지 채워 보자고 할 수 있는 다른 메뉴와는 다르다. 우선 반죽을 물방울 모양으로 만들어 줘야 하고 그 다음에는 밀대로 밀어 길게 펴 줘야 한다. 모양을 만들고 나면 되돌릴 수 없고, 둥글게 말고 나서의 모양이 적절하게 나오지 않으면 발효하는 과정에서 우리가 흔히 생각하는 소금빵의 모양이 되지 않는다. 개인적으로는 직접 만든 결과물을 보고 나서 '예쁘게 만드는 것이 너무 힘들다', 혹은 '나중에는 안 하고 싶다' 하는 생각이 들지 않았으면 하는 게 내 바람이다. 하지만 소금빵은 처음 만들 때 예쁘게 만들기가 쉽지 않은 메뉴이다. 베이킹을 처음 하는 사람들 모두가 같은 손동작으로 같은 결과물을 만들 수는 없는 노릇이니 어찌 보면 당연한 일일까?

 다행인 것은 형태가 어떻더라도 구워진 소금빵은 항상 맛있다는 것이다. 보통 밖에서 소금빵을 사 먹으면 만들고 나서 시간이 조금 지난 소금빵을 먹게 된다. 하지만 함께 만들고 나면 갓 구워낸 소금빵을 바로 먹을 수 있다. 오븐에서 소금빵을 꺼내면 굽는 과정에서 흘러나와 고인 버터를 소금빵이 다시 흡수한다. 뜨거운 빵이 수축하면서 부푼 겉면에 작은 잔금이 생긴다. 조금 식혀서 만져도 괜찮은 정도가 되면 드디어 먹어 볼 차례다. 구워지는 수준을 넘어 버터에 튀겨진 밑바닥, 바삭하게 부서지는 겉껍질, 강한 결이 살아있는 내부의 빵 풍미와 고소한 버터에 짭짤한 소금의 맛까지.

 예쁘게 만들기 어렵긴 해도 갓 구운 소금빵은 정말 맛있다. 갓 구운 소금빵을 먹어 보면서 감탄하고, 내가 이걸 만들었구나 생각하는 사람들의 얼굴을 보는 것이 좋아서 그럴까. 나는 종종 사람들과 소금빵을 만든다.

뭐가 가장 힘드냐고요? 에그타르트요.

에그타르트

내가 맨 처음 에그타르트를 먹은 것은 아마 교환학생 기간 동안 여행으로 갔었던 포르투갈에서였을 것이다. 에그타르트는 수도사가 입을 옷의 각을 세우는 데 계란 흰자를 사용하고 남은 노른자를 이용해 만든 것이 기원이라고 알려져 있는데, 수도 리스본에서 조금 떨어진 곳에는 이 에그타르트를 파는 것으로 유명한 가게가 있었다. 이 디저트는 겉에는 얇게 부셔지는 과자가 겹겹이 감싸져 있고, 안에는 달콤한 필링이 채워져 있다. 한 개 산 다음 가게 앞에서 바로 먹어봤던, 바삭하게 깨지는 얇은 과자 식감 사이로 부드러운 달콤함이 느껴지던 그 맛. 그 맛을 내가 맨 처음으로 선명하게 기억하는 것은, 아마 내 취향에 가장 맞는 에그타르트였기 때문일 것이다.

내 기억 속에 남아 있는 포르투갈식 에그타르트는 생각보다 손이 많이 가고 번거롭다. 그래서 처음에 사람들이 에그타르트를 만들어 보자고 했을 때 난 힘들 것 같다고 말했었다. 얇게 부셔지는 여러 겹의 바삭한 식감을 가진 페이스트리를 만들려면 버터를 다루면서 동시에 버터가 녹지 않게 작업해야 하는데, 이게 여간 까다로운 것이 아니다. 내가 번거로운 것은 괜찮아도 찾아온 사람들이 힘든 일정이라면, 함께 베이킹 하는 경험이 돈 내고 고생하는 것으로 기억될 수 있으니, 에그타르트는 진행이 힘들겠다는 생각만 하고 있었다.

하지만 에그타르트를 요청하는 사람들이 늘어났고, 나도 한번 이 디저트를 직접 만들어 보면 재미있겠다는 생각이 들었다. 그렇게 에그타르트 베이킹이 시작됐다. 작게 잘라 둔 버터를 밀가루와 섞어서 버터가 작은 알갱이 수준이 될 때까지 다져준다. 그 다음 이것을 반죽해 하나로 뭉치면서 위아래로 겹쳐 누르고 결을 만들어 준다. 반죽을 밀대로 밀어서 넓게 편 후 원형 틀로 잘라내 알루미늄 컵에 넣은 다음, 모양을 잡고 반죽을 부어 굽는다. 버터가 녹으면 반죽이 통째로 하나로 합쳐져 실패할 수 있기에, 중간중간 재료 온도를 잘 확인하면서 필요한 경우

냉장고에 넣어 온도를 낮추는 것을 반복한다. 좀 많이 번거로웠지만 결국 다 함께 에그타르트를 만들고 조금 식힌 다음 맛볼 수 있었다.

어찌어찌 함께 에그타르트를 만들었지만 아쉬운 점이 한 가지 있었다. 내가 포르투갈에서 먹었던, 그러니까 포르투갈 방식으로 만드는 에그타르트는 뒤집어 보면 밑면에 나이테처럼 말린 회오리 모양이 있다. 에그타르트 반죽을 얇게 펴서 돌돌 만 다음 잘라서 모양을 만들기에, 반죽의 단면이 모양으로 남아 생기는 것이다. 기존에 준비했던 에그타르트 베이킹에서는 더 쉬운 방법을 이용했기에 이 모양이 나오지 않았다. 내가 정말 좋아하는 포르투갈식 에그타르트와는 조금 달라서 계속 아쉬움이 남았다.

결국 나는 과정을 더욱 개선해서 내가 원하는 스타일로 만들 수 있도록 준비했다. 사전 준비가 많이 필요한 데다가 만들어 가면서도 반죽이 녹지 않도록 신경썼더니 베이킹 메뉴 중에 가장 까다로운 것이 포르투갈 에그타르트가 됐다. 하지만 동시에, 베이킹을 처음 해보는 사람들도 도전할 수 있고 그 사람들을 도와주는 나도 만족하는 베이킹이 되었다고도 할 수 있겠다.

단단한 버터를 쪼개고 반죽이 녹지 않게 힘으로 눌러가면서 작업하며 중간중간 냉장고에 넣었다 빼야 하는 과정은 번거롭고 귀찮더라도, 갓 구운 에그타르트를 한 김 식혀 먹을 때 입 안에서 사라지는 필링처럼 그 귀찮음 또한 사라진다. 내가 기억하는 포르투갈에서의 에그타르트를 다시 떠올리게 하는 그 맛. 함께하는 사람들도 느꼈으면 한다.

병아리콩이 들어갑니다. 포케에 들어가는 그거 말고요.

밤식빵

 자주는 아니지만 종종 밤식빵 일정을 하면 나는 밤과 함께 이용할 재료로 병아리콩을 준비한다. 물론 그냥 병아리콩은 아니고, 병아리콩을 설탕과 함께 처리하여 달콤한 맛으로 즐길 수 있게 한 것이다. 그런데 같이 밤식빵을 만드는 사람들에게 밤과 함께 병아리콩을 쓸 거라고 이야기하면 묘한 분위기가 감돈다. 샐러드나 포케, 중동 요리에 재료로 들어가는 그런 병아리콩을 생각한 것 아닐까 싶다.

 사실 나도 밤식빵 안에 병아리콩을 넣을 수 있다는 사실을 몰랐다. 밤식빵은 커녕 다른 요리에서도 병아리콩을 많이 먹어본 적 없는 내가, 이 콩의 새로운 쓰임새에 알게 된 것은 예전 회사의 지하 빵집에서였다. 그 회사의 지하에는 간단한 푸드 코트 같은 것이 있었는데, 약간 고급스러운 느낌의 프랜차이즈 빵집도 하나 있었다. 나는 그곳에서 종종 먹어 보고 싶은 빵을 다양하게 골라서 사 먹어 보곤 했다. 그러던 어느 날 밤식빵을 먹어 보았는데, 안에 들어 있는 밤에서 부드러운 껍질이 느껴지는 것이었다. 밤식빵 안에 있는 밤에 껍질이 있다니 이게 맞나 싶어 궁금했던 나는 밤식빵 안을 자세히 보았고, 그곳에서 병아리콩을 발견했다. 맨 처음에는 병아리콩인 줄도 몰랐던 콩들이, 밤들과 함께 있었다.

다시 맛을 보니 밤식빵 안에 들어 있는 병아리콩은 맛이 밤과 아주 비슷했다. 아무 생각 없이 먹으면 구분이 힘들 정도였다. 밤을 구하기 힘들다면 병아리콩만 넣어서 만들어도 맛있게 즐길 수 있을 것 같았다. 하지만 밤식빵이 병아리콩 식빵이 될 수는 없다. 결국 나는 둘을 절반씩 정도 섞어 밤식빵을 만들곤 한다. 물론 포근한 밤이 많이 들어가면 더 맛있을 것이다. 하지만 밤식빵에 들어가는 것은 설탕에 졸인 밤인데, 이 졸여진 밤이 베이킹 재료 중에 꽤 비싼 축에 속하는데다 한 번에 대용량으로만 팔아서 관리도 쉽지 않다.

밤은 종류별로 맛도 조금씩 다른데 흔히 '맛나는 밤'으로 알고 있는, 속껍질이 잘 까지는 밤은 우리가 쉽게 떠올리는 밤과는 조금 차이가 있다. 맛은 땅콩류에 더 가까운데, 사실 내 취향은 아니다. 꼭 국산 밤이 아니더라도 중국산에도 맛있는 밤들이 있다. 하지만 그럼에도 불구하고 합리적인 가격의 밤을 찾으면 나는 국산 밤을 구해서 밤식빵 재료로 이용하곤 한다.

만약 집에서 밤식빵을 만든다면 베이킹 재료로 밤을 사기 보다는 차라리 생밤을 사서 졸이는 것이 나을 수도 있다. 시중에 파는 졸여진 밤은 비싸기도 하지만, 양도 꽤 많아서 밤식빵 기준으로 다섯 번 정도는 만들 수 있는데, 직접 졸이면 원하는 양만큼만 졸일 수 있기 때문이다. 주의할 점은 밤식빵에 넣을 밤은 절대로 직접 까지 말고 미리 까져 있는 것을 사야 한다는 것이다. 밤을 한번이라도 까본다면 그 작업이 한동안 베이킹이 하기 싫어질 정도로 귀찮은 작업이라는 것을 알게 될 테니까.

좌우지간 손이 많이 가는 밤도, 달콤한 맛이 나는 병아리콩도, 한데 모으면 밤식빵에 아주 잘 어울린다. 과하지 않은 포근한 단맛이, 누구라도 좋아할 그런 맛이다.

맛이 없을 수 없다는 말

르뱅 쿠키

    르뱅 쿠키는 나에게 특별한 의미가 있는 쿠키이다. 르뱅 쿠키의 원조인 뉴욕 르뱅 베이커리에서 줄 서서 쿠키를 사 먹으며 감동해서도 아니고, 누군가 나에게 선물해 준 걸 먹어 보고 언젠가 꼭 본토의 르뱅 쿠키를 먹겠다고 결심해서도 아니다. 이 쿠키는 내가 맨 처음 다른 사람들과 함께 베이킹하는 일정을 준비하면서 시도한 메뉴이자, 많은 사람들이 좋아해서 지금까지 안정적으로 꾸준히 진행하는 메뉴이다. 물론 이 쿠키를 직접 만들어보기 전까지 진짜 르뱅 쿠키라는 걸 한 번도 먹어 본 적이 없다는 사실은, 나만이 간직해 온 사소한 비밀이다.

    본토의 르뱅 쿠키는 손바닥보다도 큰 사이즈에 강한

단맛, 초콜릿과 견과류가 한가득 들어가는 토핑으로 유명하다. 콜라 시럽을 밀가루에 반죽해 튀기고 나서 그 위에 또 콜라 시럽을 뿌리는, 그런 간식을 만드는 나라에서 탄생한 메뉴답다고 해야 할까? 하지만 큰 사이즈에도 쿠키 속재료가 아낌없이 들어가니, 그야말로 맛없을 수 없는 맛이다. 부정에 부정을 더해 긍정으로 탈바꿈된, 그런 쿠키.

다만 쿠키로 배를 채우지 않는 사람들의 경우 다과 정도로 간단히 즐기기에 사이즈가 너무 크다. 한 번에 다 못 먹는 경우가 많아진다. 나눠 먹자니 손이 지저분해져서 번거롭고, 쿠키에서 느껴지는 묵직한 단맛을 부담스러워하는 경우도 있었다. 고민하다가 처음에 만들었던 르뱅 쿠키를 조금 작게 바꿔서 더 많은 개수로 진행해 보기로 했다. 오히려 사람들이 더 좋아했다. 사실 쿠키 사이즈가 크면 안쪽에 조금 덜 익은 듯한 꾸덕한 반죽을 맛보는 매력이 있지만, 현실에서는 보다 더 많은 사람들에게 나눠 줄 수 있도록 개수를 늘리는 것에 가치를 둔 사람들이 많았던 모양이다.

르뱅 쿠키도 종류를 조금씩 바꿔서 다양하게 만들 수

있는데, 기본적으로 쿠키 반죽에 견과류와 초콜릿을 이용한다는 컨셉은 같다. 하지만 반죽에 어떤 맛을 추가하느냐, 견과류와 초콜릿을 어떤 것을 이용하느냐에 따라서 조금씩 다른 맛으로 변화시킬 수 있다. 베이킹에서도 클래식한 르뱅 쿠키와 녹차 르뱅 쿠키, 초코 르뱅 쿠키를 준비해 선택해서 만들도록 하는데, 이렇게 하니 베이킹에 참여한 한 사람 한 사람이 각기 다른 맛을 선택해 여러 개를 만들고, 다 만들고 나면 다른 사람들과 교환해서 세 가지 맛을 다 가져갈 수 있게 되었다.

르뱅 쿠키는 주변에 나눠 주기 좋은 메뉴이기도 하지만, 맛으로도 어디 빠질 데가 없어 호불호가 적다. 초콜릿과 견과류를 듬뿍 넣어서 만드는 르뱅 쿠키 일정. 좋은 초콜릿과 좋은 견과류를 한가득 넣었으니, 어떻게 맛이 없을 수가 있을까?

좋은 재료가 만드는 좋은 베이킹

과일 타르트

일정을 진행하면서 많은 사람들에게 과일 타르트를 해보고 싶다는 이야기를 들었다. 예전에는 그런 말을 들으면 '아 그건 좀 힘들 것 같은데요.' 하면서 고개를 저었다. 일단 타르트 반죽을 만드는 것이 번거롭다고 생각했기 때문이었다. 일전에 블루베리 파이 일정에 참여한 적 있었는데, 파이지 만드는 것에 꽤 손이 많이 갔었다. 그래서인지 타르트를 만드는 것도 비슷하게 힘들겠다 싶었다. 처음 베이킹을 하는 사람들에게는 쉽게 만드는 게 중요한데 타르트는 다시 도전해볼 정도로 쉽게 느껴지지 않았다.

그러나 요청하는 사람들이 점점 늘었다. 그러다 보니 한편으로는 타르트 메뉴를 시작하면 다른 것도 많이 해

볼 수 있지 않겠나 싶었다. 그래서 최대한 쉽게 만들 수 있는 방법을 알아보았다. 다행히, 쉽게 만들면서도 타르트를 만들기에 충분히 단단한 구조를 만들 수 있는 방법을 찾았고 과일 타르트를 진행할 수 있게 되었다. 그런데 과일 타르트에서의 진짜 문제는 타르트, 그러니까 파이지 부분을 만드는 것이 아니었다. 더 중요한 것은 과일이었다. 과일 타르트의 주인공이 과일인 만큼, 얼마나 합리적인 가격으로 괜찮은 과일을 목적에 알맞게 구할 수 있는가가 중요했다.

안정적인 품질로 꾸준히 구매할 수 있는, 버터나 초콜릿 같은 다른 베이킹 재료들과 달리, 과일은 구매 시기에 따라서 좋은 것과 나쁜 것이 있었고 후숙이 필요한 경우도 있었다. 맨 처음 과일 타르트를 진행했을 때는 복숭아 타르트를 만들었는데, 복숭아는 후숙이 필요한 상태로 판매하는 경우가 많아서 박스째로 사서 창고에 쌓아두고 적당하게 익을 때까지 기다렸다가 썼다. 복숭아의 맛은 복숭아를 잘라 보기 전까지는 알 수 없었는데, 타르트 만들기에 좋은 복숭아일지 아니면 깍두기를 담가도 괜찮을 정도로 풋풋한 맛의 복숭아일지는 아무도 몰라서 이건 마치 긁어봐야 알 수 있는 복권 같았다.

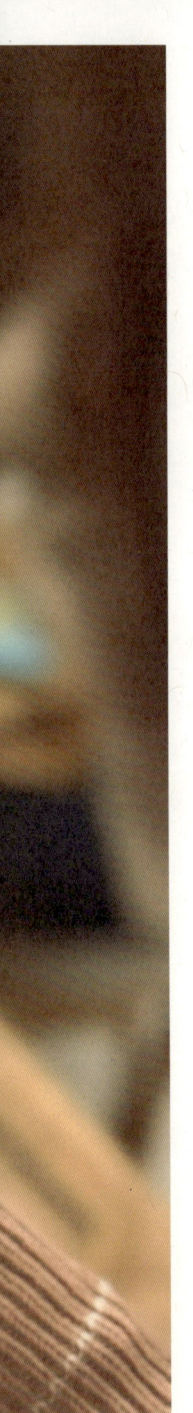

쉽게 물렁해지거나 단가가 높은 과일들의 경우 진행이 까다로웠다. 딸기로 타르트를 만들 때는 비싼 딸기 가격에 한 사람당 양을 조금 낮춰 보았더니, 차라리 이렇게 할 바에는 안 하는 게 낫겠다 싶었다. 어떻게든 딸기의 양을 더 올려야 했다. 다행히 인터넷을 열심히 뒤져서 타르트 하기에 적당한 딸기를 찾았다. 사이즈가 조금 작아서 등급이 낮아진 모양이었는지, 상대적으로 저렴한 가격에 많은 양을 살 수 있었다. 게다가 의외로 작은 딸기는 모양도 더 온전했다. 큰 딸기보다 보관 상자 안에서 덜 눌리는 것일까? 딸기를 구매했던 인터넷 쇼핑몰의 후기에는 딸기 사이즈가 아이스크림 수저보다 작다며 노발대발하는 불평도 있었지만, 그 작은 딸기가 실로 나에게는 참 좋은 딸기였다.

베이킹도 다른 요리들처럼 재료가 중요하지만, 과일 타르트는 그중에서도 유별난 메뉴이다. 그 유별남을 위해, 항상 최적의 과일을 찾곤 한다.

설탕이 너무 많다고요? 정상입니다.

파운드 케이크

여러 사람들과 함께 하는 베이킹 메뉴를 정할 때 가장 중요한 것은, '나중에 또 만들어 볼 수 있겠다' 싶은 메뉴여야 한다는 것이다. 진행 과정이 너무 복잡하거나 특별한 도구가 필요한 메뉴는 함께 만든다 해도 끝날 즈음에 다시는 못 할 것 같다는 생각이 들곤 하는데, 이건 내 취향과도 달라서 결국 진행하지 않게 된다.

파운드 케이크는 사실 내가 생각하는 '복잡한, 그리고 특별한 도구가 필요한' 메뉴에 속한다. 그런데 홈베이킹을 많이 한 사람들에게는 그렇게 복잡하지도, 또 특별한 도구가 필요하지도 않은 메뉴인 것 같다. 생각해보면 버터에 계란을 천천히 섞는 것은 딱히 복잡한 과정이 아니고 파운드 케이크를 만들 때 필요한 핸드믹서도 특별한 도구가 아니다. 하지만 베이킹을 처음 해 보는 사람들에게는 그 두 가지가 나중에는 '못 하겠는데?'라고 말하는 지점이 될 수도 있다. 물론 누군가는 파운드 케이크를 간단히 손거품기만으로도 만들 수 있다는 이야기를 했고 (손거품기는 수동이고 핸드믹서는 전자동이다) 심지어 어렵지 않다고도 했으나, 손거품기로 너무 열심히 저은 탓에 근육통이 생겼다는 후기를 듣고 나서는 더욱 하지 말아야겠다고 생각했었다.

그러나, 그럼에도 불구하고, 많은 사람들이 파운드 케이크 이야기를 꺼냈다. 나도 언젠가부터는 촉촉하고 부드러운 식감의 파운드 케이크를 만들어 보고 싶었다. 어떻게 하면 최대한 쉽게 파운드 케이크를 만들 수 있을까?

보통 파운드 케이크에서는 핸드믹서를 이용해 버터에 계란을 천천히 섞어주는 방식을 많이 이용한다. 하지만 나는 반죽을 준비하고 맨 마지막에 녹인 버터를 섞어 주는 방식으로 진행해 보기로 했다. 간단해 보이는 이 방법은 흔히 알려져 있는 방법이 아니었고, 그렇기에 식감에 미묘한 영향을 줄 수도 있었다. 하지만 누군가에게 나중에 또 만들어 볼 수 있겠다는 자신감을 주기 위해서라면 충분히 시도할 가치가 있다고 생각했다. 크기도 크게 한 개를 만들 사이즈를 조정해서 작게 여러 개를 만들어 가도록 했다. 이렇게 하면 복잡한 도구 없이도 함께 만들 수 있고, 먹을 때도 자르지 않고 바로 먹을 수 있었으며, 게다가 주위에 선물하기도 편했다.

파운드 케이크는 버터와 설탕, 밀가루, 계란이 동일한 양으로 1파운드씩 들어가서 파운드 케이크라고 부른다고 한다. 맨 처음 준비한 레시피에서는 그 느낌을 살리기 위해 실제로 동량으로 준비했는데 예상 외로 식감이 너무 단단해서 내 취향과 많이 달랐다. 실제로 많은 파운드 케이크 레시피들은 각각 조금씩 다른 배합을 하기도 하고 추가 재료를 이용하기도 한다. 몇 가지 파운드 케이크를 구웠지만 꼭 전자레인지에 데워야만 부드러워지는 느낌이라, 다양한 레시피를 참고했다. 결국 내 취향에 맞는 레시피를 만들며 한 가지 비결을 발견할 수 있었는데, 설탕을 정말 많이 넣는 것이다. 설탕을 아주 많이 넣은 파운드 케이크는 실온에서도, 냉장에서도, 어느 정도 부드러운 식감으로 즐길 수 있었다.

요즘도 다양한 파운드 케이크 메뉴를 함께 만들며 나는 항상 말한다. 설탕이 정말 많이 들어가지만 정상입니다. 다 넣으세요. 그래야 촉촉하거든요.

유행 잘 모르는 사람이 만드는 유행하는 메뉴

밤 티라미수

평소에 유행하는 예능이나 드라마 같은 걸 잘 안 본다. 본다고 해도 철 지난 액션 영화 혹은 홈쇼핑 방송을 본다. 그런 나에게 소위 말하는 트렌드를 잡으라고 한다면 참으로 쉽지가 않다. 관심도 없고. 하지만 그런 나에게도 들려오는 맛있는 디저트 소식이 있었으니, 바로 밤 티라미수였다. 어떤 요리 경연 예능에서 나온 참가자가 편의점 재료만으로 간단하게 만들었다는 밤 맛 나는 티라미수.

함께 베이킹 일정을 논의하던 사람과 다음 메뉴를 이야기해 보던 중 밤 티라미수를 해 보고 싶다는 말을 들었다. 재료를 확인해 보니 조금 비싼 것들이 있긴 해도 크게 문제되진 않을 것 같았다. 한 번 진행해 보자. 나는 보완

할 수 있는 부분들을 찾아 내 취향을 좀 더 추가한 후 밤 티라미수 레시피를 완성했다.

평소 나는 새로운 메뉴를 준비할 때 많이 이야기하고 다니거나, 확정되지 않은 메뉴를 홍보하는 것을 좋아하지 않는다. 그래서 정식으로 밤 티라미수를 곧 시작해야지 하면서도 굳이 말하지 않았다. 테스트만 반복할 뿐이었다. 그러던 어느 날, 베이킹을 함께하던 사람들이 요리 경연 프로그램 이야기를 나누며 갑자기 질문하는 게 아닌가? '호스트님 밤 티라미수는 안 하나요?' 그 순간 나는 냉장고에서 테스트 중이던 밤 티라미수를 꺼내 보이며 이렇게 말했다. '준비는 되어 있구요, 나중에 할 거예요.' 극적인 등장. 그 분에게 그 상황이 꽤나 인상적이었는지, 훗날 다른 사람들과 종종 이야기하는 것을 볼 수 있었다. '밤 티라미수 언제 하냐고 물었는데 밤 티라미수가 냉장고에서 바로 나왔다니까요?'

지금은 아무렇지도 않게 이야기하지만, 사실 처음 밤 티라미수 일정을 진행할 때는 나름 곤욕을 치렀다. 내가 준비한 밤 티라미수에는 밤잼과 마스카포네 크림이 들어가는데, 밤잼은 밤과 설탕을 섞어 균일하게 갈아낸 것이고 마스카포네 크림은 진한 유크림 맛이 나는 재료이다. 두 재료는 비싸다는 공통점이 있다. 게다가 그때 데코용 밤으로 보늬밤을 올렸는데 보늬밤 또한 관리가 까다로우며 전혀 싸지 않았다. 사치스러운 재료들로만 구성된 베이킹이었던 셈이다. 그렇기 때문에 처음 밤 티라미수 진행했을 때에는 염가 할인으로 대량구매 해놓은 밤잼만 소진하면 다시는 못 할 줄 알았다. 그런데 다행히 레시피를 조금 더 효율적으로 수정할 수 있었고, 다행히 지금까지도 밤 티라미수 일정을 진행하고 있다.

베이킹을 나 혼자 했다면 내가 과연 밤 티라미수를 만들 수 있었을까? 요리 예능을 보지도 않을 뿐더러 밤 티라미수가 유행이라고 해도 '그런가 보다' 할 뿐, 그것으로 일정을 진행해 볼 생각도 않던 나였다. 그런데 사람들과 함께 하니 어느 순간부터 이런저런 아이디어와 계기를 얻고 있다. 그렇기에 별 기대 없이 던졌던 밤 티라미수 질문에 바로 냉장고에서 티라미수를 꺼내 보여줄 수 있었을 것이다. 극적인 등장도 해볼 수 있었고.

티라미수에서 신 맛 나던 그 시절에

클래식 티라미수

대학교 다닐 때 근처 카페에서 티라미수를 먹은 적이 있었다. 티라미수가 나와서 먹으려고 하니 안쪽이 얼어 있었는데, 언제 녹으려나 싶어 마치 땅에 삽을 꽂아 두는 것처럼 포크를 꽂아 두었다. 그런데 카페에서 대화를 끝나고 나설 때까지 티라미수가 녹지 않아 포크는 그대로 세워진 채 고정되어 있었다. 얼어 있는 티라미수에 굳건히 서 있던 포크라니.

사실 티라미수는 냉동으로 유통하는 경우가 많으니 아마도 해동을 덜 해서 진열했을 것이다. 이는 사소한 문제다. 내가 느끼는 티라미수에 대한 더 큰 문제는 다른 곳에 있다. 바로 마스카포네 크림이 아니라 미국식 크림치즈를 이용해서 티라미수를 만든다는 것이다. 산미가 없고 산뜻한 맛이 나는 마스카포네 크림과 약간의 산미와 함께 꾸덕한 맛이 나는 미국식 크림치즈는 맛이 전혀 다름에도 둘을 구분 없이 서로의 대체품으로 이용하곤 한다. 그래서 티라미수를 먹으면 약간의 산미가 느껴지는 경우가 있다. 내 취향의 티라미수란 산미와 전혀 어울리지 않았기에, 티라미수에서 신 맛을 느끼며 '원래 티라미수는 이런 맛인가?' 하는 생각에 앞으로는 먹지 않아도 되겠다, 여겼던 적도 있었다.

다행히 요새는 대부분 티라미수를 마스카포네 크림으로 만들고 있고 그래서 옛날처럼 신맛이 나는 티라미수가 눈에 띄게 줄어들었다. 잘 만든 티라미수는 커피의 풍미와 달콤한 크림, 코코아 가루와 잘 어울린다. 게다가 크림을 떠 먹는 듯한 부드러운 느낌에 달콤한 맛도 좋아서 선물하기도 좋다. 반면 만들기는 조금 번거로운 편인데, 우선 들어가는 재료부터 하나같이 까다롭다. 마스카포네 크림만 봐도 그렇다. 유통기한도 짧으면서 티라미수 외에 다른 것을 만들기에는 쉽지 않은 재료니까. 게다가 따로따로 분리하고 저온살균이 필요할 수도 있는 계란 노른자에, 카페에서 샷 단위로 사야만 하는 에스프레소까지. 한 번에 많은 양을 만든다면 몰라도, 가벼운 마음으로 조금 만들어 봐야겠다 싶다면 곧 망연자실해질 수도 있다. '베이킹이 이렇게 힘들고 비싼 것이었구나.'

게다가 재료만 까다로울까? 아니다. 티라미수는 마스카포네 크림과 생크림, 계란 노른자를 이용해 만든 크림에 커피를 적신 이탈리아 쿠키를 쌓아가며 만든다. 안정적으로 만들기 위해서는 크림의 굳기와 쿠키의 적셔진 정도를 잘 조절해야만 한다. 이 부분을 잘 맞추지 못하면 먹기 애매한 티라미수가 탄생해서, 선물은커녕 직접 먹기도 쉽지 않을 수 있다.

티라미수는 이탈리아어로 '나를 끌어올리다'라는 의미가 있다. 한마디로 기운 나게 해준다는 뜻이다. 비록 만드는 과정은 번거롭지만, 잘 만든 티라미수는 말 그대로 사람의 에너지와 기분을 끌어올리는 달콤한 맛이다. 그 맛을 만들고, 나누는 과정이 지겹지가 않아서 다른 사람들과 티라미수를 만들어 또 다시 선물하곤 한다.

숟가락으로 퍼 드시지 마시고, 차갑게 잘라서 드세요

바스크 치즈케이크

  옛날 잠실의 유명한 쇼핑몰에 갔었다. 종종 가곤 했던 그 쇼핑몰의 꼭대기에는 가게 이름에 치즈가 들어가는 양식집이 있었는데 그곳에 가면 디저트로 준비된 바스크 치즈케이크가 종류별로 쇼케이스 안 접시에 담겨 있었다. 바스크 치즈케이크의 안쪽은 부드럽다 못해 줄줄 흘러내릴 정도라 신기했다. 사람들이 흔히 떠올리는 치즈케이크의 단단함도 아니었고 케이크의 푹신한 느낌도 아니었다. 마치 푸딩을 먹는 것 같은 느낌에 가까웠달까? 개인적으로 폭신한 질감의 케이크를 크림과 함께 즐기는 것을 좋아하지만, 그것과는 다른 바스크 치즈케이크의 꾸덕한 질감도 나름의 매력이 있었다.

그 뒤로 난 다른 곳에서도 바스크 치즈케이크를 먹어 보았는데 만드는 사람들의 취향에 따라 다양한 바스크 치즈케이크가 있다는 사실을 알게 됐다. 어떤 바스크 치즈케이크는 조금 단단하게 구워서 안쪽이 포크로 떴을 때 단단하게 모양이 잡히기도 했고, 또 다른 케이크는 부드러워서 포크보다는 숟가락으로 떠 먹는, 마치 무스 케이크 같은 느낌이 들기도 했다. 맛도 조금씩 달랐는데, 요거트 같은 산미가 있는 것들도 있었고, 산미가 거의 없는 것들도 있었다.

바스크 치즈케이크에 대해 잘 모르던 때, 레시피를 보면 대다수의 레시피에서 크림치즈를 핸드믹서로 풀어서 사용하고 있었다. 실제로 옛날에 같이 베이킹을 준비하던 다른 사람 또한 핸드믹서를 사용했었다. 그래서 바스크 치즈케이크 일정을 누군가와 함께 진행할 생각까지는 못하고 있었다. 하지만 몇 번 혼자 만들어 보니, 꼭 핸드믹서가 있지 않아도 충분히 만들 수 있는 메뉴라는 것을 알게 되었다. 오히려 준비만 잘 한다면 복잡한 도구 없이, 그릇과 숟가락, 손거품기, 체만으로도 만들 수 있는 메뉴였다. 간단한 레시피로, 누구라도 집에서 만들어 볼 수 있는 디저트. 거기에 덧붙여, 원하는 재료를 더하기 좋다는

것도 장점이었다. 바스크 치즈케이크는 초콜릿을 넣거나, 과자를 넣거나, 과일잼을 넣거나 하는 방식으로 각자 원하는 취향을 더할 수 있다.

내가 좋아하는 바스크 치즈케이크는 겉부분은 단단하고 안쪽은 살짝 부드러운 것인데, 개인적으로 신맛을 별로 좋아하지 않아서 산미는 거의 나지 않게 만든다. 크림치즈의 종류에 따라서도 산미가 있는 것이 있고 없는 것이 있기에, 산미가 크지 않은 크림치즈를 골라서 바스크 치즈케이크를 만드는 것이다. 크림치즈와 크림이 섞여서 유제품의 풍미가 진한 바스크 치즈케이크는 차갑게 굳혀 먹으면 아주 맛있지만, 아무래도 안쪽이 단단하지 않고 약간 무르다. 심지어는 온도가 올라가면 흐르는 느낌까지 될 수 있다. 그래서인지 종종 바스크 치즈케이크를 두르고 있는 포장지를 벗기지 않고 포장지째로 둔 채 숟가락으로 퍼 먹는 경우도 있다. 그럴 때 나는 차갑게 보관했다가 포장을 제거하고 칼로 잘라서 드시면 의도한 식감과 맛으로 즐길 수 있다고 강조한다. 굳이 강조까지

할 필요가 있나 생각하지만, 그래도 내가 좋아하는 바스크 치즈케이크의 맛을, 만든 사람들도 함께 즐긴다면 더 좋을 것 같아서.

초콜릿이 들어가는 호랑이 과자

티그레

　보통 많은 인원이 함께 베이킹하는 일정을 준비하고 진행하지만, 종종 적은 규모의 사람들이 함께하는 일정을 진행하기도 한다. 나는 사교적인 활동에는 영 익숙하지 못한 성격이지만, 작은 규모의 일정을 진행하다 보면 아무래도 다양한 이야기를 나누게 된다. 좋아하는 디저트나 앞으로 만들어 보고 싶은 것 같은 것들이 주로 우리가 나누는 수다의 주제가 된다. 그러다가 어느 날 누군가가 티그레에 대한 이야기를 해 주었다. 그러면서 소금빵이나 다른 유명한 디저트들이 유행하기 시작한 것처럼, 티그레도 곧 유명해지는 것 아니냐, 뭐 이런 말들을 했던 것 같다.

그 후로 티그레는 모든 카페에서 찾을 수 있거나, 인터넷으로 쉽게 배송시켜 주문할 수 있는 유명한 디저트가 된다거나 하진 않았다. 그러나 이 디저트를 좋아해 주는 사람들은 많았다. 태운 버터의 풍미가 느껴지는 반죽과 초콜릿의 조화가 맛있어서일까, 아니면 주위에 선물해 주기 좋아서일까.

티그레는 계란 흰자와 태운 버터를 이용한 반죽에 초코칩을 넣어 굽는다. 그럼 얼룩덜룩한 겉모습이 되는데 그 모습이 호랑이의 줄무늬 같다고 해서 프랑스어로 '호랑이 무늬가 있는'이라는 뜻의 '티그레'라고 불린다. 휘낭시에와 거의 비슷하지만 차이점이 있다면 직사각형 모양의 휘낭시에와 다르게 티그레는 보통은 가운데가 막혀 있는 도넛 모양의 틀에 넣어 굽고 막힌 가운데 부분에 초콜릿을 녹여서 넣은 후 마무리한다는 것이다.

베이킹 전에는 '티그레'라는 것에 대해 알고 있는 정보가 전무했던 나는 만드는 법을 하나 하나 직접 찾아야 했다. 티그레에서 까다로웠던 점은, 반죽의 양을 잘 조절해야 한다는 것이었다. 도넛과는 조금 다른, 가운데가 반쯤 채워져 있는 틀에 티그레 반죽을 넣고 굽는데, 만약 너무 많이 반죽을 채우면 구우면서 티그레 반죽이 부풀어 올라 뒤집었을 때 아래가 울퉁불퉁해 예쁘지 않게 된다. 또 그렇다고 해서 너무 조금 붓게 되면, 가운데가 막히지 않기에 나중에 초콜릿을 채워 넣기 어렵다. 그러니까 틀에 너무 많이 채워서도, 너무 적게 채워서도 안 된다. 적당하게 넣는 과정을 잘 거쳐야만 평평하고 가운데도 잘 막힌 티그레가 나와서 가운데 빈 공간에 초콜릿을 잘 채워 넣을 수 있다.

맛에서도 티그레는 휘낭시에와 비슷한 점이 있지만, 초코칩이 들어가고 가운데에 녹인 초콜릿을 채워 넣어 초콜릿 풍미가 강하다는 특징이 있다. 게다가 가운데에 짙은 색의 초콜릿이 채워진 모습이 특별해 보여서 그런지, 티그레 베이킹을 한 이후에는 특히나 주위에 나눠 주며 좋은 시간을 보냈다는 이야기가 많이 들린다. 그렇게 티그레는 내가 생각하는 이상적인 베이킹에 가까운 메뉴가 되었다. 즐겁게 만들어서 주위에 나눠 주며, 다른 사람들이 기뻐하는 모습을 볼 수 있는 그런 베이킹.

다 함께 원하는 방식으로 꾸며 보아요.

부쉬 드 노엘

베이킹 일정에 참여하는 사람들이라면 보통 자신이 만든 디저트를 각자 원하는 방식으로 꾸미는 것을 가장 좋아할 것이다. 하지만 데코를 마음대로 해보는 것은 현실적으로 힘들 때가 많다. 가령 쿠키 만들기를 진행하다 보면 가끔씩 동그랗게 모양을 잡지 않고 사각형이나 불가사리 모양으로, 혹은 반죽을 하나로 합쳐서 거대한 쿠키를 만드는 사람들이 있는 것이다. 그들의 탁월한 실험정신을 존중하는 마음에서 가급적 그대로 구우려 하지만, 모두가 만족할 만한 결과물을 가져가야 한다는 것이 내 생각인지라 결과를 예상하며 말리는 경우가 생긴다. 쿠키가 너무 커지면 굽는 시간이 오래 걸리거나 부분적으로 굽기의 수준이 달라질 수 있고, 복잡한 모양으로 만든다면 굽는 과정에서 부풀어 모양이 기대한 것과 달라질 수 있다. 물론 최대한 많은 경험을 해 보면 좋겠다는 생각에, 정말 큰 문제가 없으면 해 보고 싶은 것들은 모두 할 수 있도록 준비하긴 해도 말이다.

다행인 것은 구조적으로 다양한 모양을 시도하기 쉽지 않은 쿠키와 다르게, 각자 원하는 방식으로 데코할 수 있는 메뉴가 있다는 것이다. 바로 부쉬 드 노엘 케이크. 원래 크리스마스 때에 잘 어울리지만, 이 케이크가 초콜릿을 녹여서 데코하는 롤케이크인 만큼 특별한 기념일 구분 없이 먹어도 맛있다. 나도 처음 크리스마스 기념일 메뉴로 준비해서 진행했는데, 이 베이킹에 대해 특히나 긍정적으로 이야기해 주는 사람들이 많아서, 그 뒤로는 크리스마스 외에도 자주 진행하곤 한다.

시트부터 시작해서 롤케이크를 만들고, 자른 후에 초콜릿으로 데코하는 레시피인 만큼, 사실 잘 안 될 위험도 있다. 특히 가루를 넣고 섞어 줄 때 잘못하면 반죽이 빠르게 꺼지면서 롤케이크가 아닌 단단한 부침개 같은 시트가 나올 수 있으니 신경 써야 한다. 하지만 항상 레시피를 설명하면서 함께 진행하니, 보통은 크게 문제없이 완성하곤 한다.

 부쉬 드 노엘 케이크 시트는 처음에 크게 하나를 만든 뒤, 롤케이크처럼 완성한 후 반으로 잘라 두 명이 나눠서 사용한다. 그래서 시트를 만들고 롤케이크를 말기 까지는 두 사람이 함께 작업을 진행한다. 롤케이크가 완성되고 케이크를 꾸밀 준비가 끝나면, 비로소 부쉬 드 노엘 케이크를 만들 때의 특별함이 드러난다. 부쉬 드 노엘 케이크는 초코 롤케이크를 만들고 겉에 녹인 초콜릿을 발라서 데코한 후 그 위에 다양한 재료를 이용해 꾸밀 수 있다. 초콜릿을 바를 때도 조금씩 다른 느낌으로 초콜릿을 발라서 나무의 질감을 취향대로 표현할 수 있다. 또한 초콜렛이 아닌 다른 재료들을 이용해서 각자 마음에 들도록 꾸밀 수 있고, 심지어는 케이크의 위치까지 원하는 대로 조절할 수 있다. 롤케이크를 2단으로 쌓는 것도 가능한데, 종종 너무 높게 쌓는 경우도 있어서 넌지시 말을 건네야 할 때도 있다. '그렇게 하면 박스에 안 들어갈 것 같아요.'

 안정적인 완성도와 취향을 만족시키는 데코레이션, 보통 이 두 가지를 모두 만족시키기가 쉽지 않지만, 부쉬 드 노엘에서는 가능하다. 비록 베이킹보다 다른 부분에서 신경 쓸 것이 더 많은 일정이 되곤 하지만, 각자 원하는 방식으로 꾸미는 모습을 보는 것이 좋아 종종 사람들을 모아 부쉬 드 노엘을 함께 만든다.

딱 3가지가 들어가는 쿠키입니다. 설탕, 밀가루, 버터

사브레

아마 맨 처음 사브레 sablé, 사전은 '사블레'지만 우리는 대부분 사브레라고 얘기한다. 쿠키에 대한 이야기를 들어 본 건 대형마트 가면 있는 공장제 과자들 사이에서였을 것이다. 납작하고 둥근 모양의 바삭한 재질의 쿠키인 그것은, 사실 내 관심에 있지는 않았다. 대형 과자 코너에서 내가 보통 관심을 두는 것은 포실포실한 식감에 초콜릿으로 코팅한 한입거리 케이크류이거나, 아니면 적어도 부드러운 식감에 안쪽에 크림이 들어있는 것들이었기 때문이다. 달고 바삭한 맛에 초점을 맞춘 공장제 사브레 쿠키는 내 취향이 아니었는데, '아무도 안 먹어서 탕비실에서 쌓여만 가는 과자가 있다면 바로 이것이 아닐까' 하는 마음으로 그 이름을 기억해 두었다.

공장제가 아니라 카페에서도 종종 사브레 쿠키를 볼 일이 있었다. 재료가 간단해서 그런지 카페에서 직접 만들어 파는 경우가 있었기 때문이다. 작은 소시지를 두껍게 잘라 놓은 것 같은 모습에 겉에는 설탕을 발라 구운 사브레 쿠키. 크게 매력적으로 다가오진 않았다. 한 입 깨물었을 때 심플한 맛이 인상적이긴 했으나 굳이 만들어 보고 싶다는 생각까지는 들지 않았다.

그런 내가 마음을 바꾼 것은 언제였을까? 사브레 쿠키의 맛이 좋아졌을 때? 과정이 재미있다고 생각했을 때? 아니다. 내 마음이 바뀌게 된 계기는 따로 있었는데, 그건 바로 '돈'이었다. 어느 날 문득 궁금해졌던 것이다. 보통 진행하는 베이킹의 참가비보다 훨씬 저렴한 베이킹을 준비하게 되면 사람들이 얼마나 찾아올까? 나는 아주 저렴한 재료비로 진행할 수 있는 메뉴를 찾아보기 시작했고 그때 사브레 쿠키가 보였다. 이 쿠키에는 딱 세 가지 재료만 들어간다. 설탕, 밀가루, 그리고 버터.

사브레를 만들 때에는 상대적으로 비싼 재료들인 초콜릿이나 견과류 같은 것들이 들어가지 않았으니 가격이 저렴한 것은 좋았다. 하지만 그렇다고 해서 저렴한 것

만이 장점인, 맛이 하나도 없는 쿠키를 만들 수는 없었다. 그래서 여태껏 관심을 두지 않던 사브레 쿠키를 손수 만들어 보고, 레시피에서 나오는 부분에 나름의 개량을 더해 더욱 쉽게 접근할 수 있도록 한 다음, 마침내 시식을 해보았다. 그런데 이게 어떻게 된 일인지, 내가 기대한 것보다 훨씬 맛있는 게 아닌가? 진한 버터의 풍미와 설탕의 단맛이 잘 어울리는 데다가, 입 안에서 파스스 하며 사라지는 식감 또한 일품이었다. 이것은 대형마트의 과자도 아니고, 카페에서 팔던 그 과자도 아닌, 내 취향의 사브레 쿠키였다.

그 뒤로도 난 종종 사브레 쿠키 베이킹을 진행했다. 사브레 베이킹은 참가비와 관계없이 인원이 들쭉날쭉했고, 결과적으로 참가비가 많건 적건 사람들이 관심 가지는 것에는 크게 영향이 없구나 싶었지만, 그래도 이 쿠키를 만드는 것에는 중요한 가치가 있다. '설탕, 밀가루, 버터' 세 가지만 들어가는 쿠키가 이렇게 맛있을 수 있구나 하며 감탄하는 경험이다.

힘든 것에 힘든 것 모아놓기

크루아상

옛날 집에서 홈베이킹을 자주 하던 시절, 집에서 크루아상을 해 먹으려고 하던 때가 있었다. 물론 처음부터 크루아상을 직접 만들려고 하지는 않았다. 크루아상을 직접 만드는 게 결코 좋은 선택이 아니라는 것은 빵 만들기를 좋아만 하던 초보자의 감으로도 쉽게 알 수 있었다. 직접 만드는 대신 내가 시도했던 방법은 인터넷으로 팔고 있는 냉동생지를 사서 집에서 구워 보는 것이었다. 냉동으로 유통하는 생지를 해동해서 발효시킨 후 굽기만 하면 되었는데, 성분이 좋고 비싼 생지를 사서 구우면 나름 갓 구운 크루아상 같은 맛을 느낄 수 있어서 좋았다. 다만, 냉동 생지를 꺼내서 해동시킨 후 굽는 과정이 베이킹 메뉴 하나를 만드는 것과 비슷하게 오래 걸렸고, 발효 상태를 지켜보는 것 또한 번거로웠기에, 몇 달 후 귀찮아서 그만뒀던 것 같다.

그리고 시간이 지나고 나서 내가 준비한 공간에서 여러 명의 사람들과 함께 베이킹을 하게 되었다. 함께 베이킹을 하는 사람들은 종종 크루아상을 만들어 보고 싶다고 했다. 그럴 때마다 나는 웃으며 이렇게 대답했다. '어, 크루아상은 사 드시는 게 좋을 것 같아요. 사실 사 먹는게 나은 베이킹 메뉴가 많이 있는데, 크루아상은 특히 더 그렇거든요.'

많은 사람들의 요청이 있는 만큼 준비를 꼼꼼히 해서 만들어 봐도 좋겠다 싶지만, 크루아상의 과정을 떠올리면 엄두를 못 내겠다. 일단 반죽을 만들고 반죽으로 버터를 감싼 다음 이것을 얇게 눌러서 겹쳐 접어주는 것을 반복해야 하는데, 온도가 너무 올라가서 반죽이 터지면 그 사이로 녹은 버터가 새어 나온다. 이렇게 새어 나온 버터는 복구하기가 힘들고, 여차 저차 고생해서 반죽을 완성하고 나면, 그다음은 반죽을 잘라서 발효를 시켜야 한다.

시간도 오래 걸리고, 만드는 사람의 숙련도에 따라서

누구는 잘 될 수도 있고 누구는 잘 안 될 수도 있는 그런 메뉴. 언제나 함께 만들 수 있고 균일한 결과가 나와 베이킹 초보라도 다음에 또 도전할 수 있게 만들고 싶은 나에게는, 정말이지 맞지 않는 메뉴이다.

베이킹을 하면서 손이 많이 가는 작업이 여러 가지가 있지만, 그중에 특별히 힘들다고 할 만한 것을 꼽는다면, 버터를 다루면서 버터가 안 녹게 만드는 작업이다. 예컨대 스콘이나 에그타르트를 만들 때, 버터를 이용해 반죽을 만들면서도 버터가 녹지 않아야 한다. 느낌은 약간 다르지만, 크루아상 반죽도 비슷하다. 손으로 크루아상 반죽을 만지면서도 손에 있는 열로 버터가 완전히 녹는 일은 없어야 한다. 거기에 발효까지 해야 하므로, 신경쓸 것이 한 두개가 아닌 것이다. 이런 과정을 거쳐야 비로소 처음부터 끝까지 직접 만든 크루아상을 맛볼 수 있다.

손이 많이 갈수록 특별한 의미가 있고 맛있는 베이킹이 되지 않을까 싶지만, 아무리 그래도 크루아상은 너무 힘들다. 힘든 것에 힘든 것을 모아 놨으니 아마도 마지막까지 진행하기 힘든 베이킹 메뉴가 되지 않을까?

아무리 생각해도 두 번 성공할 자신이 없을 때

퀸아망

예전에 일하던 회사의 건물 지하에 있던 빵집. 나는 종종 그곳에 들러 맛있어 보이는 빵을 사먹어 보곤 했다. 가끔씩 처음 보는 빵을 고르기도 했었는데, 그곳에서 처음 먹어 본 것이 이름도 생소한 '퀸아망'이라는 것이었다.

회사에 오는 만큼 횟수만큼 빵집에 올 수 있으니 이곳에 있는 빵을 한 번씩은 다 먹어 봐야겠다, 라는 관대한 생각으로 고른 것이 퀸아망이었다. 물론 겉보기에도 아주 맛있어 보였다. 나이테처럼 겹겹이 쌓인 결에 얇게 설탕 코팅이 되어 있는 빵은, 버터 풍미가 가득한 상태에서 바삭하게 부셔지는 결, 그리고 혀에 닿은 설탕의 단맛이 일품이었다. 그때 당시에는 집에서 주말에 홈베이킹을

열심히 하곤 했기에, 퀸아망을 만들어 보고 싶었다.

  실제로 퀸아망을 만드는 것은 크루아상을 만드는 것과 그렇게 큰 차이가 없다. 만들어 둔 반죽 안에 버터를 넣고 얇게 밀어가며 접고 또 밀기를 반복하여 반죽을 완성한다. 이것을 삼각형 모양으로 잘라서 돌돌 말아 발효시켜 구우면 크루아상이 되는 것이고, 원기둥 모양으로 말아서 김밥처럼 자른 후 틀 안에 넣고 설탕을 묻힌 뒤 발효시켜 구우면 퀸아망이 된다. 크루아상을 만드는 것이 발효에서 조금 더 까다로울 것 같긴 하지만, 손이 많이 가는 반죽을 만들어야 한다는 사실은 똑같다. 반죽으로 감싼 버터가 녹지 않도록 작업해야 하는데, 또 너무 차가우면 버터가 깨지고 반죽도 밀 수 없기에 차갑지 않은 적당히 서늘한 온도를 유지해야 한다. 서늘한 온도를 맞춰야 한다는 것은 단순히 온도를 맞추는 것뿐만이 아니라, 그 온도를 맞추기 위해서 시간을 더 써야 한다는 뜻이기도 하다. 시간도 오래 걸리고, 매우 번거로운 작업이다. 특히 집에서 할때는 더욱.

  홈베이킹의 장점이라면 하다가 잘 안되어도 어찌어찌 먹을 수 있는 결과물을 만들 수 있다는 것이겠다. 하지만 퀸아망 반죽을 만드는 것은 그렇지도 않았다. 온도 조절을 잘못하여 버터가 녹아내리거나 반죽이 끊어지면 이걸 어떻게 먹어야 할까 싶은 버터 그리고 빵 반죽 혼합물이 한 덩어리 정도 나온다. 나 같은 경우 크게 고생하지 않고 내 인생 첫 퀸아망 반죽을 만들었는데, 이건 지금 돌이켜 보아도 신기할 정도다. 두 번 성공할 자신이 없을 정도로 아주 깔끔하게 만들었기 때문이다.

  언제 또 퀸아망을 만들지 모르겠지만, 처음 퀸아망을 만들었을 때 느꼈던 뿌듯함은 아직까지 홈베이킹의 기쁨으로 남아있다. 고생해서 만든 반죽이 반듯하게 잘릴 때, 발효를 마치고 구워질 때, 결에서 녹아 나온 버터가 설탕과 섞이며 설탕 코팅을 만든 후 퀸아망 겉에서 단단한 설탕 층을 만들 때, 그리고 한 김 식힌 퀸아망을 한 입 베어 물 때, 그때 느낀 감정은 아마 두 번은 못 느낄 것이다.

내가 좋아하는, 그리고 힘든 메뉴

초코 케이크

함께 베이킹을 하다 보면 내가 가장 좋아하는 베이킹 메뉴가 무엇이냐는 질문을 많이 받는다. 좋아하는 메뉴가 무엇인가 생각을 하다 보면 생각이 깊어지곤 해서, 요새는 질문을 받고 나면 그냥 '초코 케이크'라고 이야기한다. 좋아하는 빵은 많지만, 그중 초코 케이크에 약간 특별한 의미가 있는 것도 사실이니까.

중학교 때 초코 케이크 위에다가 통조림 과일 칵테일을 올리거나 혹은 다양한 생과일 데코를 올리는 것이 유행이었다. 동네 빵집에서 초코 케이크를 사면 케이크 위에 상큼한 맛의 과일이 올라가 있었는데, 나는 그것이 별로 마음에 들지 않았다. 그래서 빵집에 가서 과일이 없는

초코 케이크를 만들어 달라고 했다. 아무런 장식도 없는, 그러니까 초콜릿 코팅만 되어 있는 초코 케이크를 사다가 먹고, 인터넷으로 살 수 있는 냉동 케이크를 알아보기도 했다. 내가 좋아하는 종류의 초코 케이크는 무엇일까 고민하며 케이크의 종류를 검색하기도 했다.

그 뒤로 시간이 많이 지났다. 난 내가 좋아하는 초코 케이크가 어떤 것인지 대략 감을 잡았다. 부드러운 시트 사이로 크림이 있고, 데코는 화려하지 않더라도 시트와 크림의 조화가 맛있는 케이크. 그리고 과일은 올리지 않을 것. 체리나 딸기 정도는 괜찮지만, 통조림 과일 칵테일은 절대로 올리지 말아야 했다. 내 취향을 확실히 알았으니, 직접 만들어 볼 수도 있겠다 싶었다. 그 즈음 케이크를 만들어 보고 싶다고 요청하는 사람들도 많아서 초코 케이크를 만들 수 있는 더할 나위 없는 기회다 싶었다.

그런데 다른 사람들과 함께 베이킹을 해 보니 생각보다 수월하지 않은 부분들이 생겼다.

일단 내가 좋아하는 폭신폭신한 스타일의 케이크 시트를 만드는 것부터 난관이었다. 케이크 시트를 만들 때 가루를 섞어주는 과정에서 사람들이 너무 많이 섞으면 시트의 식감이 균일하지 않게 되었던 것이다. 시트뿐만 아니라, 시트와 함께 이용하는 크림도 문제였다. 크림은 보통 크림치즈, 녹인 초콜릿, 혹은 초콜릿 생크림을 이용하는데 세 가지 재료 모두 초코 케이크 일정을 진행하기에는 조금씩 아쉬운 부분들이 있었다. 아쉬운 부분들은 곧 일정 진행의 난이도 상승으로 이어지기 마련이다. 결국 사람들과 초코 케이크를 두 번 정도 만들고 나자, '여러분 오늘이 마지막 초코 케이크 일정이 될 테니 즐겁게 만들어 주세요, 하하하' 하고 말하는 지경에 이르렀다.

하지만 아무리 힘들고 내가 원하는 대로 케이크가 안 나와도 사람들이 즐겁게 꾸미는 모습을 보고 있으면 다음에는 조금 더 준비해서 더 맛있는 초코 케이크를 만들어 볼까 싶은 마음이 든다. 어느 날 갑자기 '오늘은 제가 좋아하는 스타일의 초코 케이크를 함께 만들 거예요.'라고 말할 수 있다면 좋지 않을까?

1박 2일로 빵 만드실 분 계실까요

치아바타

　대학교 시절 학교 안에 작은 프랜차이즈 빵집이 있었다. 안쪽에서 다양한 빵을 팔았는데, 그중에는 포카치아도 있었다. 푹신하고 부드러운 밀빵 위에 양파나, 올리브, 토마토 등의 다양한 토핑을 올려서 토스트 사이즈로 작게 파는 빵. 식사하기 애매한 때에 간식으로 먹기 좋았다. 대학교 때는 홈베이킹을 많이 하지 않았지만, 가끔씩 포카치아를 먹으며 이게 치아바타와 다른 점이 무엇일지 혼자 궁금해했다. 밀가루와 효모, 물이라는 아주 간단한 재료를 이용해 빵을 만든다는 것은 비슷한 것 같은데… 아무래도 치아바타는 샌드위치를 만들기 위한 빵이니 토핑 없이 길다란 모양으로 구워서 반을 갈라놓은 것 같고, 포카치아는 오븐 팬에 넣어서 피자처럼 사각형으로 구운 후 위에 토핑을 뿌리거나 혹은 토핑과 같이 굽는 것 같았다.

그 뒤, 홈베이킹을 하면서 포카치아를 만들어 보았다. 다양한 레시피를 찾아봤는데, 어떻게 된 건지 포카치아에 도전하는 사람들은 하나같이 물을 많이 넣는 것에 도전하고 있었다. 밀가루보다 더 많은 물을 넣는 인상적인 레시피도 있었다. 나는 그 신기했던 레시피를 따라 포카치아를 만들어 봤는데, 빵 자체만 구워서는 조금 밋밋할 수 있지만 올리브 오일이나 양파, 올리브 같은 것을 함께 구우니 간단한 식사용으로 먹기 괜찮아졌다. 당시에 포카치아를 만들어서 샌드위치를 준비한 후 함께 베이킹을 했던 사람들에게 선물로 주니 생각보다 보람이 컸다.

포카치아를 만들다 보니 치아바타에도 관심이 생겼다. 오븐 팬에 넣어서 사각 피자처럼 구워 자르는 포카치아와, 직사각형 모양으로 재단해 잘라 오븐에 굽는 치아바타는 분위기가 사뭇 달랐다. 치아바타는 얇은 사각형 모양의 반죽을 오븐에 넣어 고열에 반죽이 구워지며 높게 부풀어 오르고, 잘랐을 때 큰 공기방울로 들어찬 단면이 보이는 것이 매력인 빵이다. 마침 주변에서도 치아바타를 만들어 보고 싶어서 일정으로 준비해 진행하면 재미있을 것 같았다.

그러나 치아바타는 발효빵이다. 발효빵은 일일이 손으로 작업해야 해서 베이킹에 참여한 사람들의 스타일에 따라 편차가 크다. 또한 발효를 지켜봐야 하기에 시간도 오래 걸리고 신경 쓸 것도 많다. 무엇보다도, 치아바타는 발효 시간이 굉장히 오래 걸린다. 짧게는 반나절, 길게는 하루까지도 발효하는 경우가 있기에 몇 시간이라는 일정 안에서 진행할 수 없었다. 반죽을 내가 미리 준비해 둔다면 진행은 가능하겠지만, 치아바타의 반죽 성형은 다른 발효빵들에 비하면 훨씬 단순한 편이라서 참여한 사람들이 빵 만들기를 경험하기에는 다소 아쉽다. 내가 가장 중요하게 생각하는 게 '빵 만들기 경험'인데.

1박 2일로 구워야 하는 치아바타는 현재로서는 아무래도 진행하기 힘들어 보이지만, 미래에 꼭 한 번 진행해 보고 싶은 메뉴다. 기발한 방법이 떠오른다면!

안 돼서 될 때까지 해 본 메뉴

대만 카스텔라

 예전에 독서모임 운영진을 한 적이 있었다. 처음에는 회사를 다니면서 주말에 시간을 내어 카페에서 책을 읽었다. 그러다 모임을 하면 재미있을 것 같아서 독서모임 회원이 되었고 어쩌다 보니 운영진까지 하게 되었다. 독서모임을 운영하게 되면서 만든 빵을 편하게 나눠줄 곳이 생긴 셈인데, 그 기회를 놓치지 않고 이런저런 베이킹 시도를 많이 해 봤던 것 같다.

 당시 나는 집에서 내가 생각해 오던 메뉴들을 시도했는데, 마음에 안 들면 들 때까지 해 보곤 했다. 그중 하나가 대만 카스텔라였는데, 왜 갑자기 대만 카스텔라였을까? 인터넷에서 봤던 어떤 유튜브 영상에서 초코 대만 카스텔라를 만드는 것이 재미있어 보였던 것 같다. 특히 굽고 나서 출렁거리는 부드러운 빵결을 느낄 수 있는 식감이, 아주 맛있어 보였다.

그런데 내가 시도한 대만 카스텔라가 생각보다 영상처럼 구워지지 않았다. 당시에는 베이킹 경험이 많지는 않아서 응용은 꿈도 못꾼 채 레시피 그대로 구워 보려고 했다. 그런데 달라질 수 있는 부분들을 최소화했는데도 원하는 카스텔라가 나오지 않았다. 이렇게 답답할 수가.

먼저 노른자를 분리해서 반죽을 만든다. 흰자에 거품을 단단하게 올리고 나서 두 가지를 섞어서 틀에 넣는다. 그 후 더 큰 틀에 뜨거운 물을 담고, 앞서 만든 틀을 넣어 중탕이 되도록 한다. 그리고 나서 구우면 끝인데, 내가 만든 카스텔라는 이상하게 아래가 떡져 있었다. 영상에서 나오는 대만 카스텔라는 전반적으로 폭신폭신하게 부풀어 오르는데, 내가 구운 카스텔라는 밑은 단단해서 꾸덕한 식감이고 위에만 조금 부풀어 있었던 것이다. 문제가 무엇일까? 아무리 생각해도 알 수가 없었다. 혹시 집에서 사용하는 오븐이 가정용 열선 오븐이라서? 혹시 온도 조절이 잘 안 되거나 고장이 난 걸까? 결국 나는 오븐 안에 직접 세워서 확인할 수 있는 오븐 온도계를 샀고 두 눈으로 확인해 보았다. 신기할 정도로 온도가 잘 맞았다. 아… 좋은 목수는 연장 탓을 하지 않는다는 게 이런 뜻이구나.

다행히 밑이 조금 떡지긴 해도 맛이 좋았다. 나는 조금 꾸덕해진 느낌의 묘한 카스텔라를 사람들에게 나눔하기 시작했다. 그리고 한참을 나눔한 끝에, 진짜 문제가 뭔지 알아낼 수 있었다. 바로 판이었다. 애초에 오븐에 카스텔라를 구울 때 열전달이 잘 되는 판 위에 올려서 구워야 하는데, 나는 그릴처럼 되어 있는 받침대 위에 올려놓고 구웠던 것이다. 열이 부족한 상태에서 구워진 카스텔라는 밑이 떡져 있었고 이 사실을 몰랐던 나는 깨달을 때까지 큰 의미도 없는, 피곤한 테스트를 반복해야만 했다.

물론 그렇게 실패하는 것이 베이킹의 과정이라는, 교훈을 얻긴 했다.

사람들은 또카번이라고 불렀다

모카번

   제일 처음 베이킹 활동을 시작하면서 굽기 시작했던 빵은 모카번이었다. 왜 모카번을 굽기 시작했는지는 기억이 잘 나지 않는다. 고등학교 때 먹었던 내 인생 첫 모카번 때문이었을까, 아니면 아직도 종종 찾아볼 수 있는 갓 구운 모카번의 향기가 너무 좋아서였을까. 그렇게 아무 생각 없이 모카번을 구워 볼까 하는 생각으로 시작한 모카번 굽기는, 급기야 하루에 세 번의 각각 다른 모카번을 구울 정도에 이르렀다.

   모카번은 안쪽에 있는 빵 반죽과 겉의 커피 쿠키 반죽으로 이루어져 있다. 그래서 굽고 나서 몇 시간 동안은 쿠키가 바삭함이 느껴진다. 바삭한 커피 쿠키와 빵을 함

께 먹는 식감이라니. 하지만 시간이 지나고 나면 이 바삭함이 사라지면서 점점 물에 젖은 스펀지를 베어 무는 것 같은 느낌이 든다. 도대체 어떻게 해야 시간이 지나도 바삭한 모카번을 만들 수 있을까? 이것이 그때 내가 가진 가장 큰 고민이었다.

  베이킹에 대한 지식이 많았다면 좋았을 텐데, 당시에는 지식이 거의 전무했다. 내가 할 수 있는 건 레시피를 보면서 몇 가지 조건을 조절해 보는 것이었다. 쿠키의 성분을 조절하거나, 굽는 시간을 짧게 혹은 길게 해 보거나 하는 식이었다. 그런데 커피 쿠키의 성분을 조절하면 얇고 맛있는 커피 쿠키가 나오지 않았다. 밀가루 맛이 강하게 나는 두꺼운 부침개 같은 것이 나왔다. 재료를 바꿔도 크게 개선되는 점이 없으니 의미가 없었다. 굽는 시간을 조절하는 것도 마찬가지였다. 결국 무엇을 하더라도 이전보다 명확하게 나아진 결과를 얻지는 못해서, 인터넷 영상에서 나오는 바삭하게 부셔지는 쿠키와 그 아래 보드라운 빵결의 모카번은 도대체 어떻게 만드는 것인지 계속 궁금해할 뿐이었다.

결국 나는 궁금증이 풀릴 때까지 계속해서 모카번을 구웠는데, 답답한 마음에 사진을 많이 찍은 후 베이킹 활동을 하는 채팅방에 올렸다. 모카번에 대해 물어보고 싶기도 했지만, 조금 적막한 분위기였던 채팅방 공기를 살짝 바꿔보고 싶었던 것도 있었다. 그렇게 난 조금씩 변화하는 레시피를 사진과 함께 올리기 시작했고 그 업로드는 한동안 계속됐다. 내 모카번 사진이 채팅방을 활성화시켰는지는 객관적으로 알 수 없다. 하지만 확실히 얻어낸 것은 하나 있었으니, 계속해서 모카번을 굽는다며 불린 별명, 바로 '또카번'이다.

언제 끝날지 모르는 모카번 베이킹은 그후 다소 싱겁게 끝을 맞이했다. 동네의 유명한 빵집에서 일부러 모카번을 사서 먹어본 날이었을 거다. 고급스러운 느낌으로 유명한 빵집이니 참고 삼아 보려고 했는데, 그 모카번 역시 시간이 지나자 눅눅해졌던 것이다.

'아, 모카번은 원래 눅눅해지는 거구나.' 나는 그제서야 그만둘 수 있었다.

설명 한 줄이라도, 재료 하나라도 빼는

레시피

　함께 베이킹을 할 때 나는 읽어볼 수 있는 레시피 종이를 준비한다. 우선 만들고 싶은 레시피를 다양하게 참고해서 내가 원하는 방향을 확인한 다음, 내가 중요하게 생각하는 요소들을 반영하여 수정한 뒤 완성하곤 한다. 이렇게 만든 레시피는 종이에 인쇄해서 베이킹 일정에 찾아온 사람들에게 나눠주는데, 크라프트 느낌의 거친 종이를 사용하면 기념품으로도 좋은 레시피가 된다. 물론 프린트를 할 때 종이가 자주 걸리는 귀찮은 문제가 있긴 하지만.

　레시피를 준비할 때 나는 가급적 내가 중요하게 생각하는 원칙을 지키려 한다. 함께 만들고 나중에 또 혼자서 만들 수 있어야 한다는 것이다. 이를 위해 레시피는 쉽고 최대한 적은 재료와 간단한 도구만을 이용하도록 준비한다. 가령 파운드 케이크를 만든다면, 버터와 설탕을 핸드믹서로 섞어 주고 계란을 천천히 넣은 다음 밀가루를 섞어주는 것이 일반적인 과정이다. 하지만 버터와 설탕을 섞는 과정이 어려울 수 있으므로 나는 순서를 조금 뒤바꾼다. 설탕과 계란을 섞고 밀가루를 넣은 다음 마지막에 녹인 버터를 넣으며 주걱으로 저어주는 것이다. 소금처럼 레시피에 큰 영향을 미치지 않는 소량의 재료들은 맛에 큰 차이가 없다고 판단하면 과감하게 빼 버리기도 한다.

물론 기존의 레시피들을 조금씩 바꾸거나 한두개씩 빼기 시작하면 원본과는 다른 무언가가 되어 버릴 수 있다. 라면의 면을 국수로 바꾸면 라면이 아니니까. 라면을 끓일 때 물을 넣고 라면을 넣는 것이지 라면을 넣고 물을 넣는 것이 아니니까. 하지만 내가 중요하게 생각하는 것은 완벽한 결과물을 만드는 베이킹이 아니라 생각보다 쉬워서 누가 만들더라도 나중에 또 해볼 수 있겠다 생각이 드는 베이킹이다. '이게 이렇게 쉽게 완성이 되네?'

'정말 맛있겠다' 나 '정말 예쁘다' 보다는, '이 정도는 나도 하겠는데?' 또는 '정말 쉬워 보인다!'가 좋다. 혹은 '나중에 또 할 수 있겠지.' 정도.

 내가 준비한 레시피와 베이킹을 본 사람들이 이렇게 생각할 수 있도록, 나는 앞으로도 계속 쉬운 레시피를 준비할 생각이다. 재료 하나가 빠지고, 도구 하나가 필요 없는 그런 레시피로.

안 먹어본 음식의 맛을 상상해 보셨나요

맛 상상하기

언젠가 버터바를 먹은 적이 있었다. 버터바는 밑에는 단단한 쿠키 식감, 위에는 꾸덕하고 흐르는 느낌의 식감이 있는 두 가지의 반죽으로 이뤄진 구움과자다. 나는 그때 버터바가 뭔지 잘 모르는 상태였는데 친구가 모임에 오는 길에 버터바가 맛있다며 카페에 들러 사왔다고 했다. 사실 그것을 사는 과정부터가 꽤나 번거로워 보였는데, 오는 길 중간에 지하철 역에서 내려서 카페까지 걸어가 버터바를 산 후 다시 내렸던 역으로 돌아와 다시 전철을 타고 약속장소로 와야 했기 때문이다. 아아, 그 이야기를 버터바 먹기 전에 들었으면 좋았을 걸. 난 그것도 모르고 버터바를 입에 물며 이건 파운드 케이크도 아니고 쿠키도 아닌데, 왜 이런 걸 만들어 먹냐며 혹평에 가까운 시식 소감을 말했더랬다.

그 다음으로 버터바를 만난 것은 한 프랜차이즈 카페에서였는데, 개인 작업을 할 생각으로 카페 안 적당한 자리를 찾던 나는 커피를 주문하다 버터바를 발견했다. 문득 맛이 궁금해서 충동적으로 샀는데, 의외로 예전에 친구가 줬던 버터바와 맛이 달랐다. 식감부터가 꾸덕하거나 진득하지 않고 꽤나 단단했던 것이다. 예상에서 크게 벗어난 버터바가 신기했는데, 고개를 들어보니 카페 안에 체조를 하는 사람이 있었고, 보온병에 볶음밥을 담아와 먹는 사람이 있었다. 단단한 버터바 정도는 그렇게 신기한 축에 속하지 못하는구나 싶었다.

시간이 한참 지나고 나서, 나는 직접 버터바를 만들어 보기로 했다. 성질이 다른 두 가지의 반죽을 이용해 만드는 버터바는, 아래는 단단한 쿠키 반죽이 있고 위에는 이빨 자국이 남을 정도로 꾸덕한 반죽이 있다. 버터와 당분이 타면서 만들어지는 강한 버터 풍미와 단 맛이 인상적인 과자인데, 나는 개인적으로 일반적인 단 맛과는 다른 뭔가를 추가해 보고 싶었다. 버터와 당분에 잘 어울리는 맛이 뭘까 고민하다가 넣어본 것은 바로 코코넛. 생각해

보면 버터와 코코넛 맛의 조화를 이용한 유명한 과자도 있으니, 비록 먹어 본 적 없는 음식의 맛을 상상해서 만들어 보았음에도 결과물이 결코 나쁘지 않았다.

 그 후 용기가 생긴 나는 인터넷으로 다양한 버터바를 살펴보았고 흑설탕과 계피가루를 쓸 수도 있겠다 싶었다. 흑설탕과 계피가루가 들어간 버터바를 먹어 본 적은 없었지만, 이 또한 맛있지 않을까? 코코넛처럼 말이다. 그러나 이 새로운 시도는 대차게 망하고 말았는데, 아마도 내가 잘 모르는 식재료인 계피가루의 특성을 파악하지 못했기에 생긴 문제 같다.

 흑설탕과 계피는 실패했지만, 성공이나 실패에 상관 없이 먹어 본 적 없는 음식의 맛을 상상해 보는 것은 큰 도움이 된다. 안 먹어 본 코코넛 버터바를 만들 수 있는 것처럼 말이다.

그대로 해 보아요

바스크 치즈케이크 레시피

베이킹 일정에서 진행되는 레시피에 설명을 붙여 보았어요. 집에서 그대로 해 보세요.

바스크 치즈케이크

하나, 큰 그릇에 크림치즈 400g을 실리콘 주걱으로 부드럽게 풀어주세요. 빵에 발라먹는 크림치즈가 아닌 블록으로 된 크림치즈를 이용합니다. 크림치즈의 브랜드에 따라 맛이 다르므로, 취향에 따라 맞춰서 선택해요. 만들기 전 크림치즈를 냉장고에서 빼 둬서 충분히 냉감을 없애고 이용해 주세요.

둘, 풀어둔 크림치즈에 설탕 120g과 전분 15g을 섞어 주세요. 옥수수 전분을 일반적으로 이용하지만 감자 전분을 이용해도 괜찮아요.

셋, 계란 180g을 이어서 넣고 잘 섞어주세요.

넷, 이어서 동물성 휘핑크림 200g을 넣고 잘 섞어주세요. (계란을 먼저 넣고 섞은 다음 휘핑크림을 넣어야 해요)

다섯, 완성된 반죽을 체에 걸러 덩어리를 제거하고 고운 액체로 따로 모아 주세요. 체에 거르지 않으면 작은 크림치즈 덩어리들이 남아 식감에 영향을 미쳐요.

여섯, 초미니 케이크 원형 팬(지름 10cm)에 유산지를 넣어서 준비해 주세요. 유산지가 안쪽 틀의 구석까지 잘 들어가도록 구겨 넣으세요. 다른 일회용 틀을 이용해 구워도 돼요.

일곱, 틀 3개에 반죽을 나눠서 3분의 1씩 넣어 구울 준비를 해 주세요. 완벽하게 3등분 하지 않고, 최대한 비슷한 무게가 되도록 배분하면 돼요.

여덟, 오븐 최대 예열하여 230도에서 13분 동안 구워 주세요. 온도와 시간에 따라 질감과 색이 많이 달라지는 메뉴로, 취향에 따라 조절할 수 있어요.

이제 바스크 치즈케이크가 완성되었어요. 6시간 이상 냉장 보관을 해서 안쪽까지 충분히 냉감이 들어가게 한 뒤에, 차가운 상태로 드시는 것을 추천드려요. 충분히 차가워 지지 않을 경우, 지나치게 흐르는 것처럼 느껴질 수 있습니다.

냉동 보관을 할 경우, 부드러운 질감을 느낄 수 있도록 1시간 정도 충분히 해동해서 드시기 바랍니다.

PART 02

베이킹 공간과 그곳을 찾는 사람들

을지로에서
오븐을 여는 이유

요리도 베이킹도 안 해봤는데요

초보 참여자

　베이킹을 하는 사람들과 함께 처음 커뮤니티 활동을 시작하면서 나는 나름 기대했던 점이 있었다. 바로 베이킹을 하는 사람들끼리 모여서 나누는 전문적인 이야기, 즉 고충 토로와 솔루션의 시간이었다. 혼자서 홈베이킹을 하다 보면 잘 안 되는 것들이 많았고 자연스럽게 궁금증이 늘어났는데, 베이킹 커뮤니티로 사람들이 모이면 자연스럽게 해결될 것이라 예상했다. 당연히 베이킹에 경험이 많은 사람들이 올 것이라고 생각했기 때문이었다.

　그런데 막상 베이킹 커뮤니티 활동을 하면서 보니 베이킹을 많이 해 본 사람들은 의외로 찾기 힘들었다. 디저트를 만들겠다며 방문한 사람들을 유심히 살펴봐도 능숙

해 보이지는 않았다. 여기서 내가 가장 베이킹을 많이 하고 있구나 싶은 순간들이 이어졌다. 이미 여러 차례 해 보고 이런저런 질문을 갖고 있는 사람보다, 베이킹을 한 번도 해 본 적은 없지만 관심이 있어서 어디서라도 한 번 시도해 보고 싶어하는 사람들이 더 많았다. '단톡방에 들어와 있는 사람들 중 누군가는 내 고민에 대한 답을 알고 있겠지?' 혹은 '누군가는 나와 비슷한 경험을 한 적 있지 않을까?' 하며 마음 속에 품고 있던 나의 소박한 기대는 끝내 기대로만 남았다.

별도의 공간을 마련하고, 처음 보는 사람들과 함께 베이킹 일정을 진행한 지도 몇 년이 지났다. 그런데 방문하는 사람들의 스타일은 현재에도 크게 달라지지 않아서 요즘도 요리도 한 번 안 해본 사람들이 자주 찾아온다. 물론 베이킹이 익숙한 분들도 종종 발견되지만, 대부분의 참가자들은 빵 반죽을 치대거나 쿠키를 구워보지 않은 채 오는 것이다.

사정이 이렇다 보니 요리나 베이킹에 대한 경험이 없다고 해도 항상 어느 정도는 안정적인 결과물을 만들어 갈 수 있도록 준비를 해야 하는데, 의외로 이 점이 진행에

문제가 되지는 않는다. 오히려 요리나 베이킹 등에 대한 경험이 전무한 사람들과 일정을 진행할 때 나는 좀 더 재미있다고 느끼는 편인데, 누군가가 해 본 적 없는 경험을 할 수 있도록 옆에서 도와주는 게 꽤 큰 만족감을 주기 때문이다. 쿠키나 빵을 만든 후 직접 만든 것을 신기해하며 사진을 찍는 것을 볼 때, 그 성취감이 내게 특별한 의미로 다가오는 것이다. 비록 만든 디저트를 주위 사람들과 나누는 장면까지 내가 직접 볼 수는 없겠지만.

 다음 베이킹 일정을 고민하는 누군가가 이 글을 본다면 그냥 왔으면 좋겠다.

 누구든 망설이지 말고 왔으면 좋겠다.

함께 베이킹을 했던 사람들

단골에 대하여

여태껏 많은 사람들과 함께 베이킹을 하며 다양한 사람들을 만났다. 보통 한 번 정도 가볍게 베이킹을 하러 오는 사람들이다 보니 대부분은 시간이 지나면서 서서히 잊혀진다. 하지만 그 중에서는 특별한 순간을 함께한 사람들이 있는데, 이런 경우 대체로 오랫동안 기억에 남는다.

그 중 한 명은 좀 오래 전에, 그러니까 지금보다 더 소규모 일정을 자주 진행했을 때 알게 된 사람이었다. 당시 베이킹을 자주 했던 그 사람은, 어느 날 장식을 할 거라며 스티커를 가져왔다. 그 스티커의 로고와 그림에는 그녀의 이름이 들어가 있었고, 신기해서 물어보니, 로고 디자인을 직접 한다고 했다. 만든 로고가 꽤 예쁘다고 생각했던 나는, 내가 준비하는 베이킹에도 로고가 있으면 좋겠다고 생각했다. 결국 디자인을 의뢰했고 그녀는 이런 류의 일이 처음이던 내 말을 경청해줬다. 사실 오븐을 형상화한 로고를 만들고 싶었던 나는 그때까지 초안을 만들지 못해 버벅거렸는데 생각보다 마음에 드는 이미지를 떠올리지 못했다. 그때 그녀가 내 마음을 알았는지, 정말 좋은 디자인을 해 줬고 지금도 그녀가 만든 로고를 쓰고 있다. 그 후 우리가 함께 베이킹을 하는 일은 드물어졌고 나는 을지로로 공간을 옮겼다. 그녀는 따로 시간을 내서 을지로까지 공간을 보러 와줬는데, 함께 베이킹 하던 기억을 공유한 사람이 찾아와 내가 새로 준비한 공간을 둘러보는 것이 내게는 퍽 인상깊게 남아 있다.

일정에 참여한 사람들 중에는 임산부도 있었다. 사실 그녀는 예전에도 베이킹 일정에 종종 참여하던 사람이었는데, 어느 날 일정을 신청해 놓고 취소를 하고 싶다고 연락을 해왔다. 사실은 결혼 준비를 하고 있다며, 신청했던 일정에 올 수가 없다는 이야기였다. 그 즈음 일정을 예약해 놓고 피치 못한 사정이 있다며 취소와 함께 환불을 요구하는 사람들이 늘고 있었다. 재료 준비와 장소 예약 등의 사유로 인해 환불이 어렵다는 것을 우리모두 알고 있었기에 사정 이야기는 보통 길게 늘어졌다. 그래서인지 그 순간의 나는, 솔직히 그녀의 결혼을 살짝 의심해 보았던 것 같다. 진실인 건지 환불을 위한 핑계인 건지. 하지만 이미 여러 번 내 일정에 찾아와 준 사람이었다. 나는 바로 마음을 접고, 나중에 다시 또 찾아와 주길 바라는 마음으로 환불을 진행했다. 그리고 얼마나 시간이 지났을까. 그녀는 다시 베이킹에 참여했다. 임산부 배지를 달고. 그때 그 결혼이 핑계가 아니었구나, 하는 생각보다 배지가 먼저 눈에 들어왔다. 아기를 가진 몸으로 다시 찾아와 준 그 마음이 진심으로 고마웠다. 안타깝게도 베이킹 진행 중에 그녀와 많은 말을 나누지 못했다. 그 자리가 전체 인원이 열 명이 넘는 큰 규모였고, 그 날 선택한 메뉴 또한 야심차게 준비는 했으나 매번 손이 너무 많이 가는, 그런 메뉴였기 때문이다. 정신없이 일정이 끝난 후, 나중에 나는 다른 사람을 통해 그녀가 주변에 했다는 말을 전해 들었다. 베이킹 하는 것이 좋아서 자주 찾아왔다고, 나중에 아기와 함께 베이킹을 하고 싶다고. 여러 번 찾아와 주는 것도 감사했지만, 나중에 아이와 함께 다시 이곳에서 함께하고 싶다는 그 말이 나에게는 큰 위로가 되었다.

한편 화장실 때문에(?) 기억에 남은 사람도 있다. 그녀는 소규모로 베이킹 일정을 진행했던 시절부터 을지로로 공간을 옮겼던 최근까지 계속 함께 베이킹을 해 온 사람이었다. 가끔씩 진행이 까다로운 메뉴를 추천해 나를 괴롭히지만 한 번씩 큰 도움을 줘서 항상 고마운 마음으로 맞이하는 사람. 한 번은 을지로에서 베이킹이 끝난 후 뒷정리를 하고 있을 때였다. 그녀는 함께했던 다른 사람들과 근처에 저녁을 먹으러 가며 베이킹 결과물을 냉장고에 넣어 뒀다. 그리고 나중에 가지러 왔는데, 갑자기 화장실 쓰고 가도 되냐는 거다. '아 물론이죠. 편하게 이용하세요.'라고 답하는데 순간 마음이 편해지는 것을 느꼈다. 일전에 이용했던 공간들의 화장실을 떠올랐기 때문이었다. 불편한 것을 넘어서 살벌했던 기억들. 안 좋은 기분을 최소한 내가 준비한 공간에서만큼은 느끼지 않았으면 했다. 그런데 화장실에 들렀다 가겠다니, 적어도 내가 준비한 화장실은 이용하기에 불편하지는 않다는 뜻 아닌가. 비록 화장실을 정말 쾌적하게 생각했는지는 알 수 없지만, 항상 화장실에 대한 불안을 가지고 있던 내게, 그 사람의 방문은 크나 큰 다행(?)이었다.

    기억에 강하게 남지는 않았다 하더라도, 베이킹을 하기 위해 찾아 주는 모든 사람들에게 항상 고마운 마음이다. 고마움과 함께 모두를 마음에 담지 못한다는 미안함도 같이 느끼며 오늘도 베이킹을 준비한다.

그렇게 심각한 일이 아니라면 조용히 지나가

함께 활동한 그 사람에게

내가 주도하는 베이킹 활동을 시작한 지 얼마나 됐을까. 일이 터졌다. 당시에는 한 달에 한 두 번 정도 활동을 했었는데 그 마저도 시작한 지 얼마되지 않아서 다른 사람들과 함께하는 경험이 많지 않았다. 또 그때는 전용 주방이 없어서 공유주방을 빌려 썼는데, 한 곳을 정해놓고 대여하는 게 아니라 매번 사용 가능한 곳을 찾아야 했다. 그렇기에 주방은 매번 내게 낯선 공간이었고, 그런 공간에서 낯선 사람들을 만나다 보니 이런 저런 일들이 안 생길 수가 없었다. 모든 것에 서툴렀던 시기였다.

그중에 한 번, 일정을 정말 크게 그르친 적이 있었다. 소금빵을 만드는 날이었는데 발효기를 이용한 발효 타이

밍에 익숙치 않던 당시의 내가 적절하게 온도를 조절하지 못했다. 결국 반죽은 지나치게 발효되었고, 그날 함께한 사람들은 결과물이라고 하기엔 애매한 것을 들고 집에 갈 수밖에 없었다. 무더웠던 날 하필 에어컨도 고장나서 땀을 뻘뻘 흘리며 좁은 공간에 다섯명이 붙어 있었던 것은 덤이다. 준비한 일정이 다른 곳과 비교했을 때 어느 정도의 결과물을 보장해야 하고 또 나중에 집에서 해볼 수 있을 정도로 쉬워야 한다고 생각하는 나에게는 두 가지 모두를 지키지 못한 참혹한 날이 되었다. 어찌나 일정이 안 풀렸던지, 뒷풀이겸 간단히 뭔가를 먹기 위해 갔었던 음식점에서 나를 지긋이 바라보던 한 사람의 압박적인 눈빛이 요즘도 가끔 떠오른다.

당시 나는 함께 베이킹 운영진 활동을 하던 사람에게 이 이야기를 털어놨다. 그녀는 내가 베이킹 모임 활동을 하기 시작한지 얼마 되지 않았을 때 들어와, 자신도 베이킹을 좋아할 뿐만 아니라 운영진 활동에도 관심이 있다며 의욕적으로 다가왔다. 그녀가 적극적인 만큼 나는 그녀와 함께 모임 활동에 대해 의견을 나누곤 했는데 그래서인지 그녀에게만큼은 내 마음을 솔직하게 털어놨던 것 같다. 사람들에게 일정이 제대로 진행이 안된 것 같다는 설명을 해야할 것 같은데 그 이야기를 하면 이 베이킹 모임에 다시 나오지 않을 것 같다고. 베이킹에 조금이라도 관심이 있고 일정 참여를 생각하던 사람들이 혹시 내 이야기를 듣고 아예 관심을 잃어버리는 건 아닌지 염려스럽다고.

차분히 내 이야기를 듣던 그녀는 일정이 좋게 끝나지 않은 것은 사실이지만 내가 일정에 최선을 다한 것 또한 사실이라고 얘기해 주었다. 그 날과 상관없는 다른 사람들에게까지 모든 일을 세세하게 설명하며 좋지 않게 끝났다는 사실까지 만천하에 드러낼 필요는 없다는 것이다. 또한 모두에게 미안하다고 이야기를 하면 그땐 공식적으로 미안한 일이 되어버리는데, 사실 대대적으로 사과할 만큼 잘못한 일은 아니지 않냐고 내게 반문하기도 했다.

"잘 안된 일정은 그냥 다음부터 잘하겠다고 하고, 다음부턴 그러지 않도록 조심하면 되지 않을까 싶어."

담담한 그녀의 설명. 그리고 미안하다고 말하면 그때부터 진짜 미안한 일이 되니 신중해야 한다는 조언까지. 그때 그 이야기가 진정으로 나를 위하는 말인 것 같아 아직도 마음에 새겨두고 있다.

못 가겠는데요

안 오는 사람들

 살다 보면 다양한 일이 생긴다. 집을 나와서 약속 장소로 가는데 지하철 문이 갑자기 고장이 나서 10분 동안 열리고 닫히고를 반복할 수 있고, 버스를 탔는데 배차 간격이 그날 따라 이상하게 길거나, 예상치 못한 버스 노선 우회가 있을 수 있다. 베이킹 일정에 오는 사람들도 그렇다. 갑자기 회식이 잡혔거나, 출장을 가게 되었거나, 혹은 개인적으로 베이킹 일정보다 중요한 일이 생길 수 있다. 그럼 당연히 못 오겠다고 이야기한다.

 진행일에 임박해서 못 오는 경우 이미 낸 참가비는 환불이 어렵지만, 나는 최대한 협조해서 정리를 도와준다. 다른 날 일정을 신청할 수 있도록 조정하거나 원할 경우 내가 불참자를 대신해 최종 결과물을 만들고 나중에 완성품만 가져갈 수 있도록 한다. 하지만 정말로 어쩔 수 없는 사정일 경우 환불을 해 주기도 한다. 사실 못 오는 이유가 진짜인지 아닌지 나는 잘 모르고, 확인할 방법도 없지만, 나중에 또 함께할 수 있다면 좋겠다는 바람으로 그렇게 하고 있다.

한 번은 이런 일이 있었다. 어떤 사람이 베이킹 일정을 신청하고 난 후 못 오겠다고 연락을 한 것이다. 못 오겠다는 사람들이 처음도 아니고 그렇다고 마지막도 아닐 것이기에, 아 그렇구나 하는 마음으로 평소처럼 안내를 했다. 참가비 환불은 어렵지만 다른 대안으로 이러한 것들이 있다, 원하시는 방향으로 진행하겠다. 그러자 그 사람이 다급하게 말했다. 얼마 전 일어났던 공항 사고에 자기 친척이 있는 것 같다고. 제 정신으로 일정을 진행하기 힘들 것 같으니 환불을 해달라고.

그 말을 듣자 멍 해졌다. 보통의 나는 사실 확인을 할 수 없는 일은 가짜라고 치부하는 편이지만, 이것은 진짜 가짜를 따지기 전에 무조건 해줘야 했다. 그 후에도 그 사람의 말이 정말인지 아닌지 나는 알 수 없었고 솔직히 알고 싶은 마음도 딱히 없었다. 그런데 2주 후 저절로 확인이 되었다. 그 사람이 다른 메뉴의 베이킹 일정을 또 신청했기 때문이다. 놀란 내가 이번 일정에는 참여가 가능하시겠냐고 확인을 했을 때, 그는 대답 없이 일정 취소 버튼을 눌렀다 ('문토' 라는 앱으로 진행되는 베이킹 일정은 간단히 버튼을 눌러 신청하거나 취소할 수 있다.).

설마 참가비를 환불받기 위해 고른 핑계였을까? 공항 사고는 그에게 '먹힐 만한 핑계' 였나? 나는 그 사람과 어떤 식으로든 간에 엮이고 싶지 않다고 생각했다. 아니, 그런 생각조차 별로 하고 싶지 않았다. 다른 사람을 부정적으로 떠올리는데 쓰는 마음 자체가 낭비이니까. 그냥 '아 저 사람은 저렇게 다르구나' 로 마무리 짓고 더 이상 거기에 마음을 쓰지 않는 편이 나으니까.

그럼에도 불구하고, 종종, '아 저 사람은 다르구나' 로는 부족한 사람들이 있다. 그 정도로 멀리하고픈 사람들. 이미 여러 번 만나서 이제 다 만난 것 같은데, 어쩌다 가끔씩 또 만나곤 한다.

테이블을 잘 보세요. 문짝이거든요.

리오네 커피

나는 앤틱한 분위기의 장소들을 좋아한다. 옛날에 좋아하던 장소 중에 밀크티와 크림 타르트를 팔던 곳이 있었다. 강남역 근처였는데 한 건물을 크게 쓰던 그 카페는 지금은 없어졌다. 대신 다른 지점들만 남아 있는데, 그곳의 인테리어를 보면 유럽의 오래된 카페는 이러지 않을까 싶으면서 동시에 '내 취향이 이런 느낌이구나' 싶은 생각이 든다.

지금도 앤틱한 분위기가 특징이라는 카페가 있다고 하면 시간 들여 찾아보는 편이다. 특히 내 베이킹 공간이 자리잡고 있는 을지로 쪽 카페들은 이미 다 가봐서, 충무로 쪽 카페들로 투어를 나가보곤 한다. 가끔은 와이파이 되고 화장실도 있고 온도 조절도 되는 내 공간이 있는데 왜 카페를 가야 하는지 나조차도 갸웃하긴 하지만, 왠지 카페가 편하다. 내 공간은 스케줄 상 비워줘야 할 때도 있고, 무엇보다 상주하는 곳이다 보니 쉰다는 느낌이 안 들 때가 많다.

인상적인 카페를 보면 습관처럼 기록하던 나는 어느 날 재미있는 장소를 발견했다. 음식점과 카페들이 몰려있는 곳 한 가운데에 생긴 카페였는데, 외부 간판의 디자인과 전체적인 입구 인테리어가 너무나 내 취향이었다. 춥지 않은 날에는 식물 화분을 벽에다 걸어둔 모습, 오래된 의자와 탁자, 손으로 그린 듯한 '영업중' 안내판, 그리고 간판까지.

안으로 들어가니 나무로 만든 바닥과 거칠게 마감한 벽, 오래되어 보이는 전등갓, 투박한 느낌의 탁자와 의자가 있는 내부 공간이 보였다. 에스프레소 메뉴를 주문하고 탁자 앞에 앉아 자세히 보니, 탁자가 좀 울퉁불퉁했다. 어디선가 많이 본 것 같아서 살펴보니, 옛날 주택에서 흔히 볼 수 있는 문짝이었다. 마치 초콜릿 바 같은 문양이 새겨진 문짝 옆면을 보니 살짝 파여 있는 홈이 보였다. 정말로 문을 재활용해서 탁자로 만들었구나! 어떻게 이런

생각을 했지? 나는 마음에 드는 골동품에서 느껴지는 예스러운 분위기를 즐기며 커피를 마셨다.

개인 작업을 하거나 사람을 만나기 위해, 매번 조금씩 다른 목적으로 다양한 카페에 가지만, 아무래도 내가 가장 좋아하는 카페는 이곳인 것 같다. 내가 좋아하는 분위기가 가득한, 오래된 집 같은 곳.

레트로 다방 그리고 트로트 스타 포스터

세운나 다방

    앤틱을 좋아하는 나는 레트로도 좋아한다. 근사하고 반짝반짝한, 지금의 모던한 분위기와는 조금 다른 것들 말이다. 옛날 집 선반에 들어 있던 사탕통을 열면 나오는 반짇고리와 냉장고에 한 자리를 차지하고 있던 물 담긴 주스 유리병, 빛 바랜 가족사진 같은 것들. 거대한 어항 안에서 팔뚝 만한 잉어가 입을 빠끔거리며 돌아다니는 것도 레트로한 느낌이 물씬 나서 좋다. 하지만 그런 것을 볼 수 있는 카페는 이제 을지로 3가 근처에서 손에 꼽을 정도다. 잉어까지는 아니더라도, 앤틱까지는 아니더라도, 다양한 소품들로 어릴 적 옛날 느낌을 전달하는 그런 레트로면 충분한데도 말이다.

다행히 그런 레트로 카페가 근처에 하나 있어서, 종종 사람들과 가곤 했다. 공간이 준비된 상가의 3층 외부에는 카페와 음식점이 늘어서 있고 그 사이에는 상가로 들어오는 계단이 있는데, 상업공간답지 않게 침침해서 편하게 올라오기 쉽지 않을 것 같은 느낌이 드는 곳이다. 하지만 위로 올라온 다음 오른쪽을 보면 간판부터가 레트로인 카페가 있다. 을지로의 오래된 카페들이 애용하는 명칭인 '다방'이라는 이름을 발견할 수 있는 곳.

일단 카페 앞쪽에 보이는 것은 카페에서 촬영했던 예능 프로의 유튜브 썸네일이다. 맨 처음에 카페를 발견했을 때는 아무것도 없었는데, 지금은 다섯 개 정도의 썸네일이 나란히 붙어 있다. 레트로 분위기가 물씬 나는 간판 아래 출입구로 들어가면 천 재질의 커버가 씌워진 내부 공간이 있다. 믹스커피, 쌍화차가 있는 메뉴판에 공중전화와 현금출납기, 이젠 기억 속 아스라이 잊혀진 어릴 적 신문의 연예 기사와, 담배가 쌓여 있는 진열장. 그 위로는 유명한 트로트 경연 프로그램의 참가자 흔적이 한가득이다. 포스터부터 사진까지, 팬심 가득한 마음으로 꾸민 내부가 트로트와 레트로의 기묘한 조화를 만들어낸다.

사실 어릴 적에는 매일 보았던, 이젠 어렴풋이만 기억

나는 그 레트로 분위기가 당시에는 썩 즐겁지 않았던 것 같다. 사탕 대신 들어있던 반짇고리는 먹을 수가 없었고, 유리 물병은 무거웠으며, 어항에서는 물비린내가 났으니까. 그런 레트로 분위기가 재미있고 종종 생각나는 것은, 그것이 내 취향이어서가 아니라, 그 속에 있었던 때로 더 이상 돌아갈 수 없기 때문이 아닐까?

아, 참고로 종종 레트로 분위기의 척도와 쾌적함 척도는 반비례하는 경향이 있어서, 다른 레트로 카페들은 추천을 받고 갔다가 생각보다 안락하지 않음에 놀랄 수 있다. 조심하자.

시간이 지나도 그대로인 것

방산 시장

    고등학교 시절 내 취미는 역시 베이킹이었다. 그때는 유튜브도 없고 정보를 찾는 방법도 잘 몰라서 무작정 서점을 향하곤 했다. 일단 광화문 근처의 거대한 서점에 간다. 거기 있는 독서 검색 단말기에 키워드를 넣는다. '베이킹'이나 '쿠키', '케이크' 같은 것. 그 후 '20가지 레시피' 같은 제목이 붙여진 책을 사서 집으로 돌아오는 것이다.

    어떤 레시피를 해 보겠다 결심하면 그 다음은 재료를 구하는 게 순서였다. 당시 인터넷으로 물건 사는 법을 잘 모르던 나는 인터넷에 '베이킹 재료 사는 장소' 같은 것을 검색했고 방산시장이라는 곳에 가야 한다는 것을 알았다. 그것이 내가 방산시장에 처음 가게 된 계기였다. 방산

시장은 그 근처의 거대한 시장 전체를 묶어 부르는 이름이고 그중에 베이킹 재료를 파는 곳들은 작은 구역에 몰려 있었다.

나는 방산시장에 도착해 베이킹 재료를 파는 가게들 중 하나에 들어갔다. 좁은 공간에 베이킹 재료가 한가득 몰려 있었다. 처음 보는 것들 투성이인 그 공간이 내게는 그저 신기했다. 버터나 견과류, 특별한 향이 나는 술, 초콜릿이나 가루 같은 다양한 재료가 선반에 꽉 들어차 있는 가게 안에 사장님처럼 보이는 사람이 있었다. 외국인이 와서 물건을 찾는지 그는 손짓발짓으로 아몬드에 대해 설명하고 있었다. 어떤 것은 생 아몬드고, 어떤 것은 볶은 아몬드라고 말하고 싶었는지 프라이팬으로 막 볶는 흉내를 냈다. 그때의 사장님 얼굴이 분위기에 맞물려 묘하게 기억에 남았다.

시간이 지나고 많은 것이 바뀌었다. 이제는 무언가를 검색할 때 책보다는 인터넷을 많이 쓰게 되었다. 물건을 살 때도 시장에서 직접 보고 사기보다 인터넷으로 주문했다. 그러다 보니 방산시장에 갈 일이 없어졌다. 지금 운영 중인 베이킹 공간에서 15분 정도 걸어가면 방산 시장이 나온다. 평소에는 잘 가지 않다가도 베이킹 재료가 급할 때는 찾게 되는데, 어쩌다 가보면 고등학교 시절 그 베이킹 재료 가게가 아직도 그대로 있다. 10년도 더 전에 그 가게에서 외국인에게 아몬드를 설명하고 있던 그 사장님도.

  정말 오랜만에 그 공간에 들어섰을 때, 맨 처음 그곳에 들어갔을 때가 떠올랐다. 바로 얼마 전의 이야기인 것처럼 변하지 않는 공간과 변하지 않는 물건들, 그리고 변하지 않는 사람이 거기 있었다.

평양냉면 인데 내가 아는 평양냉면이 아닌 맛

우래옥

  을지로에는 좁은 건물 안에 만들어져 있거나 가게 자체가 독특해 보이는 곳들이 많다. 한 번은 어떻게 이런 곳에 중국집이 있지 싶을 정도로 작은 가게를 발견했는데, 가볼까 했던 그 순간 사장님의 건강이 악화됐다며 폐업을 했다. 그걸 보고 역시 가 보고 싶은 가게는 빨리 가봐야 하는구나 느꼈다.

  을지로에 꼭 작고 신기한 가게들만 있는 건 아니다. 큰 규모의 업장에 사람들이 계속해서 줄을 서고, 대기 시간이 끝도 없이 긴, 그런 음식점도 있다. 유명한 평양냉면집 우래옥이 그렇다. 나는 처음에 우래옥에 대해 잘 모르는 상태에서 근처를 지나가다가 우연히 발견했다. 사람들이 많아 근처 도로의 차까지 막히게 할 정도로 몰리는 가게. 간판을 다시 봤더니 이름만 많이 들었던 우래옥이었다.

워낙 유명해서 언젠가는 가 봐야겠다 생각했던 곳. 예전에 우래옥에서 먹어봤다던 지인이 국물에서 육향이 진하게 난다는 이야기를 했었던 게 기억났다. 나는 그의 말이 선뜻 이해되지 않았다. 평양냉면 육수에서 육향이 난다고? 물맛이 아니고? 의정부에서 인생 첫 평양냉면을 먹었고, 그 후에는 을지로와 충무로에서 몇 번 평양냉면을 먹었던 나는 순간 호기심이 생겼다. 왠지 내가 알던 평양냉면의 맛이 아닐 거라는 확신이 들었다.

나는 의정부에서 첫 평양냉면을 먹었고 꽤 독특한 맛으로 기억하고 있다. 엄마와 오래 알고 지내던 엄마 친구분이 데리고 갔는데, 주차장 한 켠에 차를 세우고 바글거리는 사람들 틈에서 기다리다가 손님들로 꽉 찬 매장 안쪽 구석 테이블에 겨우 자리를 잡았었다. 나는 보통 냉면 하면 떠올리는 고깃집 특유의 강한 맛 육수와 양념장을 생각했지만, 실제 입에 넣은 평양냉면의 맛은 전혀 달랐다. 조금 과장하면 육수가 아니라 물에 면을 말아먹는 것 같은 느낌이랄까. 고기 육수라고 하지만 아주 옅게 느껴지는 그 맛은 느끼려고 노력해야만 아주 조금 느껴지는 수준이었다. 마치 드립 커피에 우유 몇 방울을 떨어트리고 우유 맛을 느껴보라고 하는 것처럼.

 독특하긴 하지만 맛있다고 칭찬하기에는 애매한 맛. 이런 재미있는 요리도 있구나 싶었던 나는 그 후 충무로와 을지로에 있는 필동면옥과 을지면옥에 들렀고, 이번에는 혹시나 새로운 느낌이 날까 싶어 먹어 보고는, 역시 내가 아는 그 맛이라고 결론지었다. 역시 세상은 넓고 사람들의 취향은 다양하다는 말과 함께. 그런데 어찌 보면 맹물이라고 해도 크게 문제없을 것 같은 그 육수가, 이상할 만큼 종종 생각났다. 다소 단단하게 끊어지는 면발과 슴슴한 육수가. 그래서 종종 잊을만하면 필동면옥에 줄을 섰다. N서울타워가 보이는 곳에서 기다리다가 안으로 들어가 면수 한 컵 마시다 보면 나오는 평양냉면. 다시 먹어도 슴슴한 육수를 홀짝홀짝 마시다 보면, 거의 잊혀진 3주 전 점심 메뉴처럼 희미하게 고기 맛이 떠올랐다.

 우래옥을 위해 단단히 결심을 한 월요일. 지인과 약속을 잡고 갔는데 하필 정기휴무였다. 그 날은 어쩔 수 없이 광장시장으로 향했고, 다른 날로 다시 약속을 잡아서 갔다. 우래옥에 도착하고 보니 가게 문이 열기도 전이었는데도 사람들이 몰려 있었다. 우래옥 입구 앞에는 대기순번을 등록하는 태블릿 기계가 있었는데 전화번호를 입력하면 순번이 나왔다. 왠지 실시간으로 순번이 늘어나는 것 같아 얼른 입력했는데, 다행히 몇 십 번쯤 되는 번호가 주어졌다. 이 정도면 가게 오픈 후 얼마 기다리지 않고 들어가 먹을 수 있다.

'냉면이 이렇게 비싸다'는 신문기사가 나올 때 그 비싼 냉면의 한 축을 맡고 있는 우래옥 평양냉면. 그 냉면은 확실히 육향이 진했다. 이전에 먹었던 다른 평양냉면들이 고기 육수에 물을 탔다면 우래옥은 고기육수 자체인 느낌이라, 고깃국 육수라는 생각이 강했다. 실제로 냉면을 먹으면서 우래옥의 다른 메뉴인 갈비탕을 함께 주문해 먹어 보았는데, 두 가지의 육수가 맛이 비슷하게 느껴졌다. 내가 여태껏 먹어 본 슴슴한 평양냉면과 다른 그 맛은, 밍밍한 평양냉면을 떠올리는 사람들에게 완전히 다른 느낌일 것이다. 하지만 평양냉면 초보자가 처음 시도해 보기에는 이 쪽이 더 괜찮을 것 같다. 비록 먹으려면 가게 오픈 전에 도착해서, 번호를 등록하고, 한참을 기다려야 하겠지만 말이다.

이제는 못 먹는 굴짬뽕

동회루

    어렸을 적부터 자주 갔던 충무로. 그곳에는 아빠의 일터가 있었다. 우리는 아빠 회사 근처에서 외식을 하곤 했는데 충무로역 근처의 중국집도 그 중 하나였다. 화교가 운영한다고 했던 그 중국집은, 방송에도 몇 번 나오고 꽤 유명한 가게였던 것 같다. 무엇보다 수타 짜장으로 유명해서 가게 안에서 음식을 먹으며 손으로 면을 뽑아내는 기술을 볼 수 있었다. 짜장면 그릇에 담겨 있던 각기 다른 굵기의 면들, 볶아낸 녹말의 느낌을 강하게 풍기던 간짜장, 시큼한 향이 올라오는 탕수육 등, 그 가게에는 잊을 수 없는 메뉴들이 많았다. 그리고 그중에 가장 기억에 남는 것은 굴짬뽕이다.

언제인지, 왜인지 정확히 기억은 나지 않지만 나는 아빠와 함께 단둘이 그 가게에 간 적이 있었다. 그때 아빠는 굴짬뽕을 먹었다. (내가 무슨 메뉴를 먹었는지는 기억이 나지 않는다) 지금도 난 굴을 크게 좋아하지 않는데, 그때는 더더욱 좋아하지 않아서 짬뽕에 굴이 들어간다는 것 자체가 신기했다. 그때의 내가 굴짬뽕을 조금 먹어봤던가? 정확히 기억이 나지 않는다. 내 기억 속에는 굴짬뽕을 먹던 그 중국집 안의 따뜻한 분위기만 남아 있다. 추운 날씨에 물방울이 잔뜩 맺힌 유리창 안, 그 안에서 음식을 먹던 사람들과, 그 사이에 앉아 있던 아빠와 나까지.

시간이 아주 오래 지난 후 굴짬뽕이 도대체 어떤 맛인지 궁금해진 나는 몇 곳의 중국집을 가봤다. 여러 차례 굴짬뽕을 찾아 먹어보기도 했다. 그런데 아무리 굴짬뽕을 먹어도 '그래, 이 맛이야' 라는 느낌은 들지 않았다. 물론 내가 그때 그 맛을 확실하게 기억하지 못하니 그 어떤 맛의 굴짬뽕을 먹어도 정확히 떠올릴 수 없을 것이다. 그래서 다시 그 중국집을 찾아 갔지만, 건물 자체가 이미 헐리고 없어진 후였다. 보통 유명한 음식점들은 이전해서 영업하기도 하지만, 이 곳은 다른 곳에서 장사를 이어간다는 소식이 없었다. 그때의 굴짬뽕 맛은 영영 찾을 수 없는 것이다.

 시간이 더 지난 후, 나는 내가 찾고 있는 것이 굴짬뽕 맛이 아니라 그 시간이라는 것을 어렴풋이 깨달았다. 지금은 더이상 존재하지 않는 것들이 있던 시간 말이다. 온 가족이 모여서 살던 서울집과 나중에 어떻게 될까 하는 부담감조차 없었던 가벼운 미래, 그리고 매일 저녁만 되면 어김없이 얼굴을 마주했던 가족들.

 나는 그때의 그 시간이 정말 그리웠던 모양이다.

직장인 구경하기

스타벅스 을지트윈타워

    나는 이런저런 카페를 가는 것을 좋아한다. 음식점에 가서 뭘 먹기에는 너무 거창하고, 이곳 저곳 돌아다니면서 구경하기엔 힘들 때, 카페에서 아무 생각 없이 따뜻하거나 혹은 시원한 음료를 시키고 밀린 일을 하거나 인터넷을 뒤적거린다. 카페 분위기는 날마다 다른데 앤틱한 분위기의 카페를 갈 때도 있고, 유행을 바로 알 수 있는 힙스터스러운 카페를 갈 때도 있다. 요즘에는 밀린 작업을 하기 위해 카페를 가는데, 집에서 작업을 하면 생각보다 효율이 안 나오기 때문이다. 게다가 역시 무언가를 할 때 돈을 투자하면 그게 아까워서라도 일을 하게 되듯, 카페에 음료 값을 지불하면 공간에 대한 비용을 소비한 것 같아 나도 모르게 열심히 작업을 하게 된다.

작업을 하러 갈 때는 몇 가지를 중요하게 체크한다. 일단 오랜 작업이 편하도록 탁자와 의자가 넓어야 하고, 콘센트도 자유롭게 쓸 수 있어야 한다. 오래 상주해도 문제없는 분위기여야 하고, 깔끔한 화장실을 이용할 수 있어야 한다. 수도꼭지에서 뜨거운 물까지 나오면 금상첨화다. 하지만 이런 조건을 만족하는 곳은 큰 건물에 들어가 있는 유명 프랜차이즈 카페 정도일 것이다.

을지로 트윈타워 스타벅스는 이런 조건을 충분히 만족시키는 장소였다. 을지로에서 베이킹 활동 공간을 준비하며 발견한 곳이었는데, 큰 건물에 있는 넓은 규모의 카페라 내부 공간이 넓고 자리도 다양하게 선택할 수 있었다. 무엇보다 콘센트가 많았다. 1층에서 주문을 하고 2층으로 올라가면 스타벅스 특유의 큰 탁자 자리가 보였는데 그 앞이 통창이라서 푸른 하늘이 보였다.

그때 나는 을지로 공간에 계약을 막 끝낸 참이었다. 인테리어는 커녕 액자 한 번 달아본 적 없는 내가 무엇부터 시작해서 어떻게 내부 인테리어를 하고, 누구와 할 지, 언제 시작해서 언제 마무리할 지, 어디에 연락할 지 알 리 없었다. 나는 그 스타벅스 안에서 시간을 들여, 천천히 모든 정보를 알아보았다.

 점심시간이 되면 스타벅스 안으로 사람들이 우르르 몰려들었다. 목에 사원증을 건 그들은 다 함께 커피를 주문하고 시간에 맞춰 마신 후 들어오던 그 길로 나가 사라졌다. 오래 전 퇴사했던 나는 그 광경을 보며, 내가 한 때 해보고 싶다고 꿈꿨던 회사 생활은 아마 저런 이미지가 아니었을까 생각했다. 그 모습을 한참 바라보다가, 나는 다시 내가 꾸려갈 공간을 떠올렸다.

비둘기, 앵무새, 노숙자, 쓰레기, 방문객들

세운상가 옆 청계천

충무로에서 시작하는 오래된 상가 라인.

그 라인은 종묘 앞까지 이어진다. 아래쪽에 있는 오래된 조명 상점들과 전자기기 상가들을 지나가다 보면, 대림상가와 세운상가 사이에 작은 공간이 나타난다. 아래쪽으로는 청계천이 지나가고, 양 옆 위로는 상가들을 잇는 3층 정도 높이의 보행 통로가 있는 곳. 이곳에는 꽤나 많은 사람들이 지나다녀 작은 광장이라고 부를 수 있을 정도다. 바닥의 불투명한 유리 타일 아래로 청계천이 흘러가는 게 어렴풋이 보인다. 양 옆으로는 오래된 나무 벤치가 있다. 여기에는 여름이 되면 갈 곳 없는 노숙자들이 상주한다. 가끔씩은 누군가가 가져다 둔 짐짝이 놓여 있

다. 언제쯤 치워질까 하는 궁금증이 들 정도로 이 짐짝들은 오랫동안 방치된다.

날이 따뜻해진, 춥지 않은 어느 날 밤에는 비둘기들이 광장 한구석에 무리 지어 앉아 있다. 밤 10시가 넘어가는데도 광장 한구석에 미동도 없이 무리 지어 있는 비둘기떼를 보면 신기하다. 언젠가 인터넷에서 보기를, 사람들이 쓰는 약물이 해안의 바닷게에게 축적되어 숨어 다니는 습성이 대담하게 바뀌었다는 사례를 본 적이 있다. 혹시 비둘기도 그런 경우가 아닐까 궁금해졌다. 사람들은 밤중에 나와 있는 비둘기들이 신기한지 놀래켜 보려고 시도하기도 했다. 잔뜩 웅크리고 있다가 가까이 다가가면서 몸집을 키우면 동물이 놀라서 도망가는 영상을 참고한 것 같은데, 비둘기들에게는 별로 효과가 없어 보였다. 커피와 에너지드링크의 카페인에 적응된 나머지 어지간한 일에는 놀라지 않는 게 아닐까.

쌀쌀해진 날에는 이 빠진 세운상가의 글자 간판 옆에서 비둘기들이 일렬로 앉아 볕을 쬔다. 햇볕을 바로 받아서 따뜻해진 건물 외벽에 주르륵 앉은 비둘기들을 바라보며 누군가가 세워놓은 검은콩 같다고 생각한다.

낡은 듯 하면서도 또 특유의 분위기가 살아 있는 상가 건물들 사이에서 나는 외국인 관광객이나 다른 방문자들을 본다. 그중에는 종종 어깨에 팔뚝만한 앵무새를 올리고 다니는 아저씨가 있다. 앵무새를 데리고 산책하는 이 아저씨가, 어느 날엔가 다른 사람들과 함께 광장 옆쪽의 벤치에 앉아 술 한잔하는 것을 본 적이 있다. 벤치 위에 부르스타를 놓고 뭔가를 끓여 먹으며 다른 사람들과 얘기 중이었다. 나는 옛날에 키우던 앵무새가 생각나 아저씨에게 인사를 건네며 다가가니, 예전의 그 새가 아니었다. 알고 보니 아저씨는 상가라인 안에 사는데 집 안에 다른 새가 몇 마리 더 있다고 했다. 세운의 자랑 앵무새들은 한 마리가 아니라 세 마리인 것이다 (네 마리일 수도 있다).

앵무새에 비둘기에 쓰레기에 관광객에 노숙자까지. 모든 게 뒤죽박죽된 이런 분위기가 나는 썩 마음에 든다.

바이브(vibe)가 원지 모르겠지만 아마 종묘 바이브가 있다면 이곳입니다

다시세운광장

보통 집에서 베이킹 공간에 갈 때는 버스를 이용한다. 지하철을 타면 조금 걸어야 하는 데다가, 지하철의 특성상 위아래로 걸어야 하는 게 이상하게 힘든 느낌이다. 개인적으로는 버스를 이용하는 것이 편한데, 다행히 가는 버스가 여러 대라 자주 이용한다. 버스를 타면 '다시세운광장' 정류장에서 내리는데 이 정류장은 충무로부터 종묘까지 이어지는 오래된 상가라인 끝에 있다. 위치 상 세운상가 앞과 종묘 사이에 있다고 봐야겠다.

다시세운광장은 세운상가 쪽으로 이어지는 비스듬한 비탈길 위에 있다. 광장 위로 올라가면 종묘 앞쪽 종묘광장공원이 보이고 그 뒤로 북한산까지 보인다. 전경이 나

름 괜찮다. 다시세운광장 아래쪽에는 야장으로 유명한 음식점이 있는데, 삼겹살과 다른 안줏거리들로 유명한 이 가게는 여름이 되면 야장 분위기를 즐기려는 사람들로 북새통이다. 좀 더 안쪽으로 들어가면 3층 높이의 보행로로 올라갈 수 있는 연결 엘리베이터가 있는데 그 옆에는 순대 트럭 할머니가 주기적으로 등장한다. 또한 한여름에 팔팔 끓는 쌍화차를 팔면서 몸에 좋은 걸 한가득 넣었다고 추천하는 전통차 수레도 종종 지나다닌다.

다시세운광장에서 보이는, 비스듬한 비탈길 옆으로는 돌계단도 있고 딱 앉기 좋은 큰 돌들도 보인다. 돌 위에 앉으면 앞쪽 횡단보도에서 사람들이 왔다 갔다 하는 것과 버스가 오가는 것이 잘 보인다. 종묘 광장 쪽이 보이는 것도 꽤 분위기 있어서 밤에는 캔맥주를 마시며 앉아 있는 사람들도 많다. 마침 바로 옆쪽에 편의점도 있어서 서늘한 밤 분위기를 즐기기에 안성맞춤이다. 물론 개중에는 돌 위에 종이 박스를 깔아놓고 잠을 청하는 사람들도 있으니 딱히 정돈된 분위기라고 할 수는 없다. 하지만 누구는 음식점에서 음식을 먹고 누구는 편의점에서 맥주를 사 마시고, 누구는 돌침대 위에서 노숙을 하니, 마치 이것저것 함께 섞어 끓인 부대찌개 같아서 재미있다.

여기는 강남 한복판처럼 세련되지도 않았고, 성수나 연남처럼 젊은 분위기도 아니다. 가끔씩 시장 비슷한 것이 열려서 미세먼지 가득한 서울 공기 아래 다양한 간식이 바람을 맞으며 팔리기도 하고, 어디서 와서 왜 하는 것인지 모를 춤 공연이 열리기도 한다. 택배트럭은 문 하나를 열어놓은 채 도로를 돌고, 지나가는 아저씨는 막걸리 병을 머리위에 올려놓은 채 자전거를 탄다. 그나저나 저 막걸리 병은 모자에 붙여 놓은 걸까, 아니면 진짜 머리 위에 살짝 올려둔 걸까.

떼 지어 날아가던 비둘기가 건물 한 벽을 빼곡히 채워서 쉬다가 또 어딘가로 떼지어 날아가고, 오래된 레코드 가게 사장님이 퇴근하며 틀어 놓은 음악은 버스 정류장 앞까지 들린다. 이것 저것 넣다 보니 이제 무엇이 들어 있는지도 모르겠는 잡동사니 박스 같은 곳. 나는 잘 모르겠지만, 종묘 바이브가 있다면 아마도 이곳이 아닐까 항상 생각한다.

PART 03

베이킹 공간을 만들다

오븐을 둘 곳을 찾는 여정

그냥 소중한 추억 말고 다른 것

공간의 필요성

  베이킹을 좋아하는 내가 외부에 베이킹을 할 수 있는 공간을 만들고 싶다 생각한 것은 꽤 오래된 일이었다. 하지만 단순히 하고 싶다는 생각만으로 무언가를 할 수는 없다. '외부에 공간이 있었으면 좋겠어?' '그 돈은 누가 낼 건데?' 이런 질문이 먼저 떠올랐고, 그 답을 찾는 게 우선이었다.

  처음 공간에 대해 생각하게 된 건 내가 신경 쓰고 있던 커뮤니티 활동 때문이었다. 나는 우연히 활동하던 취미 플랫폼에 베이킹 관련 커뮤니티가 없다는 것을 알게 됐고, 아예 직접 베이킹 커뮤니티를 시작한 것이었다. 이 때 나의 역할은 돈을 모아 공유주방을 예약하고 재료를 준비하여 원활한 베이킹이 될 수 있도록 돕는 일이었다.

하지만 공유 주방을 이용하다 보니 베이킹 자체가 외부 공간에 크게 의존하는 상황이 되고 말았다. 열악한 화장실이나 내부 공간 구성 등 신경 쓰이는 점 이외에도, 내가 가장 아쉽다고 느꼈던 지점은 사람들이 많이 찾아 주지 않으면 공간 이용 요금과 환불 규정으로 인해 어쩔 수 없이 일정을 취소해야만 한다는 것이었다. 인원이 많거나 적거나 상관없이 꾸준히 진행하는 게 중요하다고 생각했던 내게, 공간에 대한 지출 비용과 환불 규정 때문에 베이킹 일정이 유동적으로 변해야만 한다는 사실이 매우 아쉬웠다.

베이킹에 있어 당시 나에겐 추호도 어길 수 없는 원칙이 있었는데 (이는 지금도 마찬가지다) 이는 매우 간단했다. 내가 하는 일이 사람들의 베이킹 활동에 반드시 도움이 되어야 한다는 것. 그러니까 참여하는 사람들이 더 나은 환경에서 더 다양한 메뉴를 해 볼 수 있어야 했고, 또 베이킹 일정을 진행하며 외부 공간에서 느끼던 부담감과 압박을 덜 수 있었으면 했다. 이 점을 고려했을 때, 내가 할 수 있는 것은 딱 정해져 있었다. 외부 공간을 이용하면서 느꼈던 아쉬운 점들을 보완하여 완전한 별도의 공간을 준비하는 것.

이 문제는 사실 나의 고민과도 맞닿아 있었다. 그 당시 나는 베이킹 커뮤니티 활동이 장기적으로 나에게 어떤 성과를 줄 수 있는지를 생각했기 때문이다. 커뮤니티의 동력은 영원하지 않을 텐데, 그 동력이 없어지면 내겐 무엇이 남을까? 나에겐 사진과 기록을 보며 하하 참 재밌었네 소중한 추억이야 하며 되새김질하는 것 외에, 더 강하게 물리적으로 남는 무언가가 필요했다.

그렇게 답이 '새로운 공간'이라는 게 명확해졌을 무렵, 내 마음 속에서 부정적인 의문들이 불쑥불쑥 떠올랐다. 과연 지금까지 진행해 온 규모를 계속 유지할 수 있을까? 모임 인원이 예상보다 많이 줄어들면 어떡하지? 의외로 긍정적인 답변들도 떠올랐다. 공간을 준비해서 외부 대관을 할 경우 베이킹 참여 인원에 변동이 생겨도 공간을 유지할 수 있겠다 싶은 생각. 또한 큰 규모의 공간을 준비하면 동시에 많은 인원을 수용할 수 있기 때문에 회비가 안정적으로 모일 수 있었다. 그러나 긍정이나 부정과는 관계 없이 분명한 사실도 있었다. 커뮤니티의 미래는 어떻게 될지 알 수 없지만, 현재의 베이킹은 규칙적인 일정으로 진행되고 있으며 구조적으로 안정되어 있다는 것. 게다가 나는 퇴사한 지 얼마 안돼 여유 시간이 있는 상황이었다. 앞으로 언제 할 수 있을지, 또 기회가 올지 알 수 없는 일을 한다면 타이밍은 바로 지금이었다. 지금 당장.

나는 곧 부동산 매물을 찾아다니기 시작했다.

결정은 제가 하는 거고요

입금한 날

　적당한 매물을 찾지 못해 을지로 충무로 쪽을 벗어났다가, 조금 높은 월세를 감안하고 다시 돌아오니 괜찮은 매물이 보였다. 좋은 접근성, 반듯한 내부 구조, 내부 화장실 등, 내가 찾고 있던 조건을 대부분 충족하고 있었다. 매물을 둘러보며 '아 이 공간을 이렇게 이용하면 되겠다' 같은 생각이 저절로 들었다. 다른 매물에서는 보이지 않던 것이 좀 더 명확하게 보이는 그런 장소였다. 마음 속에서는 이미 더 나은 매물을 찾기 힘들겠다 싶었지만, 그래도 내 사정을 알고 있는 사람들에게 조언을 구해보는 것이 좋겠다 싶었다. 그래서 부동산에 다시 약속을 잡은 뒤 지인들-엄마와 엄마 친구분-과 함께 다시 한번 매물을 보기로 했다.

그녀들은 모두 충무로와 을지로를 많이 오간 경험이 있었다. 특히 엄마 친구분은 아직도 충무로에서 일을 하셔서 근처 입지나 내부 구조 등, 내가 잘 눈치채지 못했던 것을 봐 주실 수 있을 것 같았다. 부동산에서는 내가 엄마와 왔다는 것을 알고서는 매물을 보고 돌아가면서 이런 질문을 던졌다. "어머님이 괜찮다고 하던가요?"

어쩐지 내가 엄마의 허락을 받고 진행하는 것처럼 보이는 것 같아 조금 강하게 대답했던 것 같다. "아니요, 결정은 제가 하는 거고요, 두 분은 조언만 해 주십니다."

우리는 공간을 보고 난 후 광장시장까지 가서 서쪽 입구를 향해 함께 걸었다. 그곳에는 시장 특유의 분위기에 맞지 않게 반짝반짝한 가게가 있었고, 거기서 함께 차를 마시며 간단하게 이야기를 나눴던 것 같다. 공간에서 무엇을 할 지에 대해서. 단순히 어떤 공간을 찾고 있다 정도가 아니라, 그 공간에서 무엇을 하고 어떻게 운영할 지에 대해서. 이렇게 자세하게 말을 꺼내는 것은 처음이었다. 이야기를 나누면서 다시 한번 생각해 볼 문제들을 살필 수 있었다. 결과적으로 큰 문제는 없어 보였다. 몇몇 예민한 이슈들, 그러니까 '오븐 같은 고압 전력기구를 사용할 수 있는가'에 대해서는 일전에 음식점 영업을 했던 장소라 하니 문제가 없을 것 같았고, 파티룸처럼 외부인이 들락거려도 되냐는 문제는, 임대인이 크게 개의치 않아 했으므로. 그때까지 자리잡았던 마음, 그러니까 이곳보다 더 괜찮은 조건의 매물을 찾으면 어쩌지 싶었던 마음은, 이런 매물을 또 다시 찾을 것 같지 않다는 생각과 함께 서서히 사라졌다.

 부동산이 제시한 기한 안에 계약금을 입금하며, 나는 결심했다. 이제 시작을 했으니 끝을 봐야 한다고.

그러니까 인테리어 어떻게 하는 건데요

인테리어 계획

임대차 계약서 작성 후, 10월이 끝나기 전까지는 약 일주일 정도가 남아 있었다. 이 기간 동안 공간 공사 계획을 짜고 11월 중에 공사를 최대한 빨리 마무리한 후, 12월부터 영업을 시작하는 게 내 계획이었다. 가능하다면 12월 이전에도 공간을 이용할 수 있도록 어떻게든 빨리 마치고 싶었다.

그런데 문제가 있었다. 나는 이런 일에 경험이 없었다. 그러니까 인테리어 공사라고 부를 수 있을 만한 류의 일을 해 본 적이 한 번도 없는 것이다. 공사를 해야 하는데 어떻게 해야 하는지 하나도 모르다니. 나는 심지어 액자조차 내 손으로 달아 본 적이 없었다. 그러나 해 본 적이

없다고 마냥 안 할 수는 없으니, 인터넷으로 검색을 하기 시작했다. 결과적으로 인테리어 공사에 문외한인 나도 순서가 중요하다는 것 만큼은 느낄 수 있었는데 그 순서라는 것도 오븐을 들이고 나서 전기공사를 하거나 냉장고를 올리고 나서야 바닥공사를 할 수는 없다는 것 정도의 기본적인 것이었다

  현장을 둘러보며 굵직굵직하게 해야 하는 공사들을 찾아보고 공사 순서를 정하기로 했다. 일단 바닥부터 시작이었다. 계약한 공간의 바닥은 데코타일로 되어 있었는데 어딘가 발이 푹푹 꺼지곤 했다. 그 데코타일 안에 뭐가 있는지부터 확인하고 바닥을 전면 개보수해야 했다. 천장에는 매립식 형광등이 있었는데 이를 레일식 전등으로 교체해야 했고, 오븐을 이용해야 하니 전기선을 확인해서 콘센트를 조정해야 했다. 주방 공간이 없는 상태였기에 화장실의 세면대 배수관을 정리한 후, 이걸 주방 쪽으로 연결해서 정식으로 싱크대를 쓸 수 있도록 만들어야 했다. 이 밖에도 공간 배분을 위해 가

벽과 중문이 필요했고, 마지막으로 내가 의도한 인테리어에 맞춰 벽을 데코해야 했다.

크게 신경 써야 할 일들의 순서를 고려하니 [전기], [바닥], [화장실과 싱크대 연결], [가벽], [데코 인테리어], [전기 마무리] 순으로 이어졌다. 공사 순서를 고려하는 것과 별도로 실제 각 공사를 어떻게 진행할지에 대한 정보가 필요했다. 우선 유명한 인테리어 공사 플랫폼에 들어가서 공사 견적을 알아보았다. 플랫폼으로 인테리어 견적을 확인하는 일은 처음 해봤는데, 현장 사진을 찍은 후 평수와 위치, 엘리베이터 여부 등을 기록해서 견적이 얼마나 되는지 물어보는 방식이었다.

처음 하는 인테리어 공사라 무엇을 어떻게 하는지 자세히는 알 수 없었지만, 차근차근 업체를 확인해 공사 일정을 짜 나갔다. 11월에 공사를 시작하기 위해서는 10월 중에 공사를 할 업체들과 연락하여 실제 공사 순서를 모두 확정하고 일정을 정해야 했다. 돌이켜 보면, 나는 인테리어 공사를 처음 해본 사람 치고 꽤 과감했다. 그래서인지 공사 일정을 준비하고 진행하는 과정에서 큼직한 사고가 안 터졌다는 사실이 지금도 다행이고 신기하다.

사장님은 혹시 알고 있지 않았을까

바닥 공사

문제없이 공간을 준비하고 이용하기 시작한 지 얼마나 지났을까. 솔직히 공사를 진행하면서 크게 문제가 될 거라고 생각한 부분이 없었다. 공사는 걱정했던 것보다 잘 끝났다고 앞으로도 크게 문제없이 쓸 수 있을 거라 믿었다. 그러나 이것이 유사 경험을 겪어본 적 없는 사람의 전형적인 오판이었던 걸까? 시간이 지나자 이런저런 문제점이 보이기 시작했다.

가장 먼저 신경 쓰이기 시작한 것은 바닥이었다. 맨 처음 왔을 때 데코타일이 몇 겹이나 쌓여 있었던 그 바닥. 데코타일을 모두 철거하고 수평 작업을 다시 한 뒤 코팅을 했었다. 그런데 처음 코팅을 했을 때는 매끈했던 그 바

닥에서 언젠가부터 잔금이 보이기 시작했다. 사실 금이 살짝 가는 것은 그럴 수도 있겠다 싶었지만, 그 금이 조금씩 커져서 '균열'이 되니 조금 다른 이야기가 되었다. 시멘트 조각이 깨져서 이리 저리 굴러다니면 어쩌나 염려가 되었기 때문이다.

돈을 더 들여 추가 작업을 해야 하는 것인지, 아니면 그냥 써도 문제가 없는 것인지, 내가 물어볼 곳은 한 군데 뿐이었다. 공사를 했던 사람. 그 과정에서 나는 현실에서 쓰이는 '공사'의 뜻을 알 수 있었다. 공사란 그 절차가 끝나기 전까지는 명확하고 빠르게 진행되지만 입금과 함께 모든 것이 흐려지는 것이었다. 특히 공사 후 절차는 마치 얼굴 잘 모르는 대학 동기와 나중에 한 번 보자 하고 약속하는 것처럼, 어딘가 애매하게 진행됐다.

어찌어찌 현장을 다시 방문한 작업자와 난 이야기를 나눴고, 결국 당장의 조치 없이 나중에 필요한 경우에 다시 작업을 하기로 했다. 하지만 곰곰이 생각하면 할수록 애초에 처음부터 잘못된 것은 아니었을까 하는 의문이 든다. 처음 데코타일을 모두 제거하고 진짜 밑바닥을 확인했을 때 바닥면이 울퉁불퉁했기 때문이다. 균일하고 고른 시멘트 바닥이 아니라, 이 쪽에는 방수 코팅이 있고 저 쪽에는 뜬금없는 합판이 들어가 있는 식이었다. 그런데 그 위에 간단한 마감처리를 하고 곧바로 수평 몰탈 작업과 코팅을 했다. 그러니 균열 문제가 생길 수 밖에 없는 것 아니었을지 의구심이 드는 것이다.

아직도 종종 생각한다. 그때 돈과 시간이 들더라도 아예 바닥 미장을 처음부터 다시 했어야 했다고. 평평하고 견고하게 맞춘 후 수평 작업과 코팅을 진행했다면 좀 더 낫지 않았겠느냐고.

이미 지나간 일은 어쩔 수 없다. 다행히 생긴 금은 미관상의 문제이지 안전상의 문제는 아니라는 말에 공간 바닥에 카펫을 깔아 균열 대부분을 가렸다. 하지만 종종 바닥을 보면 이런 생각이 드는 건 어쩔 수 없다.

'공사했던 사람은 나중에 이런 문제가 터질 줄 미리 알

고 있지 않았을까? 물론 내가 요청한 시간 안에 공사를 마무리하려면 어쩔 수 없었겠지만.'

바닥은 생각보다 수평이 아니다

셀프 인테리어와 템바 보드

공간을 준비하며, 친구와 함께 셀프 도배를 했다. 어떻게 이걸 하겠다고 까불었는지 모를 정도로 큰 고생이었다. 그럼에도 불구하고 도배가 끝날 무렵 나는 내가 또 중요시 여기던 하나를 셀프로 감행하려 했는데, 그것은 바로 '템바 보드'였다. 종종 카페에 가면 볼 수 있는, 나무 판자를 일렬로 붙여서 울타리 같은 느낌을 주는 구조물. 다행히 셀프 인테리어에 관심 있는 사람들이 늘어나 구하기 어렵지 않았다. 게다가 벽지처럼 붙일 수 있도록 만들어져 있어 셀프로도 시공이 가능했다. 그래서 나는 또 스스로 해보기로 했다. 바닥 시공을 마쳤으니 바닥은 당연히 평평해졌을 테고, 주문한 템바 보드 또한 벽지처럼 돌돌 말려 있으니, 같은 높이의 템바 보드를 펼친 후 마치 벽지를 가로로 붙이듯 벽 둘레를 따라 쭉 붙이기만 하면 되지 않을까? 그런 후 보드 맨 윗부분에 일자형으로 된 나무 막대기를 가로로 붙여서 마무리 느낌을 주는 것. 나의 '템바 보드 시공 계획'이었다.

나는 1m 단위로 구입한 템바 보드를 공간 외부의 벽에다가 붙이기 시작했다. 시범 삼아 눈에 잘 안 띄는 구석에서 시작해서 템바 보드를 길게 붙여 본 것이다. 작업을 시작한 지 얼마 되지 않아 나는 곧 이상한 점을 발견했는데, 바로 템바 보드의 윗부분이 일자가 되지 않고 들쭉날쭉했던 것이다. 바닥이 평평하므로 바닥을 따라서 붙인 템바 보드의 윗면 끝 또한 평평해야 했다. 위아래도 딱 맞아 떨어져야 했다. 그런데… 나는 뒤늦게 바닥이 보이는 것과 다르게 평평하지 않다는 것을 깨달았다. 아무리 데코타일을 떼고 수평 작업을 진행했다 해도, 바닥이 완벽한 수평은 아니었던 것이다.

이 사실을 안 이상, 나머지 공간도 같은 방식으로 작업할 수는 없었다. 마침 가벽 공사를 했던 사장님이 다시 방문할 예정이었다. 나는 사장님에게 수평 잡는 기계를 가져와 달라고 부탁했고 도움을 받아서 수평 레이저로 벽에 빛을 쏘았다. 빛이 그린 수평선 위로 선을 그어 표시

한 후, 나는 그 수평 선을 기준으로 템바 보드를 갖다 댔다. 기존에 1m 간격으로 이어 붙이던 것도 20cm 정도로 더 짧게 했다. 수평선에 맞춰 보드를 대고 아래쪽 템바 보드의 끝을 톱으로 잘라 붙이는 것. 이렇게 하면 바닥 위쪽으로 템바 보드가 잘리니 더 깔끔하게 작업할 수 있었다.

다행히 내가 상상했던 깔끔한 모습이 나왔다. '도대체 왜 바닥이 평평하지 않은 것인가'와 같은 쓸모없는 질문은 뒤로 하고 나는 새로 정한 작업 방향대로 작업을 이어가기로 했다. 문제는 그때까지 전기 공사가 마무리되지 않아서 해가 떠 있을 때에만 작업을 할 수 있었다는 것이었다. 템바 보드 작업이 필요한 공간은 전체 공간의 절반 정도로 꽤나 긴 편에 속했다. 결국 반복 작업이 한동안 이어졌다. 템바 보드를 적당히 잘라 벽에 대고 잘라낼 길이를 확인하기, 다이소 플라스틱 의자를 발판 삼아 톱으로 원하는 만큼 잘라내기, 그리고 벽에 실리콘을 바르고 단단하게 붙이기까지. 다행히 남은 템바 보드는 처음 시도했던 외부 공간만큼 어수선하게 붙지는 않았다.

좌우지간 그렇게 공들여 템바 보드까지 붙이고 나니, 내 공간은 처음 계획했던 인테리어 느낌에 조금 더 가까워지고 있었다.

액자와 액자보다 중요한 것

벽 액자 데코

　을지로의 공간을 고민했을 때, 나는 옛날부터 '내가 만약 공간을 꾸며 본다면 이런 느낌으로 하고 싶다 생각해 둔, 나름의 스타일이 있었다. 내가 좋아하는 앤틱한 카페에서 볼 수 있는 화려하지 않은 소박한 패턴의 꽃무늬 벽지, 그리고 그 위에 걸린 액자들이었다. 살면서 한 번도 걸어 보거나 사 본 적 없는 액자를, 그것도 무려 여러 개 사야겠다고 생각한 것은 영국의 어느 가게 때문이었는데, 그곳에서 봤던 액자 인테리어가 너무 마음에 들었던 것이다. 다양한 크기와 형태의 액자가 벽을 빈틈없이 채우고 있지만, 적당한 간격을 둬서 독특한 분위기를 형성하는 것. 예전부터 해 보고 싶었는데 할 수 있는 기회가 왔다. 나는 '이런 느낌이면 되겠지' 하는 생각으로 액자에 사진을 채워 걸었다. 그런데 시작하지 얼마 되지도 않아서 나는 아주 빠르게 어떤 문제를 발견했다. 사진을 잘 끼워봐도, 이리저리 배치해 봐도, 내가 기억하는 장소만큼 깔끔하게 꾸며지지 않았던 것이다.

상상과 현실은 달랐다. 일단 액자를 정확하게, 원하는 위치에 설치하는 게 쉽지 않았다. 게다가 액자는 사각형도 있고 원형도 있었는데, 한 데 몰아서 걸어도 사이사이에 빈 공간이 생겨 허전한 느낌을 줬다. 결국 준비해왔던 액자들과 시계로는 벽을 꽉 채우는 느낌으로 꾸미기가 어려웠다.

이 상황에서 내가 할 수 있는 건 일단 액자를 더 많이 준비하는 것이었다. 액자를 고를 때에는 내가 생각한 앤틱한 분위기에 맞도록, 그러니까 너무 반짝반짝한 액자를 고르지 않도록 유의했다. 그러면서 시계도 하나 더 사고 큰 사이즈의 그림 액자도 추가했다. 맨 처음에는 그림 액자 자체를 생각하지 못했는데, 을지로 근처 지하 상가를 돌아다니다 보니 화가 알폰스 무하의 그림 액자를 팔고 있는 가게가 눈에 들어왔다. 처음에는 그냥 지나갔지만 자꾸 눈에 밟혀서 결국 되돌아와 사고 말았는데, 나중에 자세히 보니 원본 그림과 색감 차이가 많이 났다. 인터넷을 통해 다시 알아보니 알폰스 무하의 그림을 캔버스 액자로 판매하는 곳이 있었다. 결국 나는 다시 적당한 것을 구매했다.

 액자 말고도 걸어볼 것이 뭐가 있나 궁리하다가 나는 일전에 원데이 클래스에서 가져온 작은 그림 캔버스를 걸어보았다. 그리고 액자와 형태가 비슷하지만 다른 재질의 소품들도 몇 가지 이용했는데, 얇은 양철 재질 위에 프린트 되어 있는 그림이나 벽에 걸 수 있는 타일 모양의 소품, 레진 재질로 되어 있는 조형물 등이었다. 이들은 액자보다 사이즈가 다양했고 사진이 주는 느낌과는 다른 분위기를 풍기고 있어서 벽에 썩 잘 어울렸다.

 다양한 소품을 걸고도 벽 공간이 조금씩 남았다. 또 뭘로 꾸며야 할지 고민하던 와중 문득 종이가 떠올랐다. 베이킹 컨셉의 그림들이 인쇄된 것이었는데, 종이는 사이즈가 딱 들어맞지 않아도 공간에 맞춰서 자를 수 있다는 게 장점이었다. 그렇게 종이를 이용하니 남은 공간이 공허한 빈틈없이 채워졌다. 특히 보는 사람으로 하여금 뭔가 퍼즐처럼 맞춰져 있다는 느낌을 줄 수 있었다.

　액자로 벽을 꾸미면서 나는 한 가지 사실을 배울 수 있었다. 나는 액자가 중요하다고 여겼지만 사실 더 중요한 것은, 액자를 어울리게 만드는 전체적인 분위기 그 자체라는 사실이었다. 분위기에 집중하며 하나하나 벽에 장식과 액자를 추가해 나가다 보니, 어느 순간부터는 내가 기억하는 스타일이 조금씩 나오기 시작했다. 그 스타일이 내 취향을 충실히 반영하고 있음은 두말 할 필요도 없다.

복도가 따로 있어야 하는 이유

중문과 공간 구분

  본격적으로 을지로 공간을 구성할 때, 나는 입구에서 메인 공간이 바로 이어지도록 만들고 싶지 않았다. 중간에 가벽을 세워서 중문을 만들고, 창고 사이로 작은 통로를 만들고 싶었다. 일종의 복도 같은 공간이랄까. 보통 내부 공간이 한쪽으로 치우쳐진 경우 중간에 가벽 공사를 해서 반듯한 사각으로 만들곤 하는데, 내 공간은 이미 충분히 반듯해서 일부러 가벽을 세울 필요가 없었다. 그럼에도 나는 공간을 나눠 복도를 만들었다.

  여태까지 내가 이용했던 공간들이 떠올랐다. 출입구에서 내부로 바로 이어지던 장소들. 문을 열고 안으로 들어서거나, 문만 열면 내부 공간을 훤히 들여다볼 수 있었다. 나는 중간에 완충 공간을 만들어 내부 공간에 대한 호기심과 기대감을 끌어올리고 싶었다. 정문을 열고 들어오면 있는 작은 공간, 그 안에 서서 중문의 유리창을 통해 내부를 들여다보면 좋을 것 같았다. '이 곳은 어떤 곳일까' 하는 호기심을 가지고 보면 좋겠다고, 그렇게 생각했다. 그러려면 '중문을 연다' 라는 감각이 확실히 느껴질 만한, 복도가 필요했다.

복도 공간에는 내부에 보관할 필요가 없는 것을 임시로 둘 수 있었다. 가령 분리수거 쓰레기들을 복도 공간으로 빼 두면 어수선한 분위기를 숨길 수 있었다. 잠깐 택배를 보관할 때도 좋았는데, 사람들이 상주하지 않는 복도에 빼 두면 뭔가가 정신없이 쌓여 있는 모습을 보여주지 않아도 되었기 때문이다.

복도를 구성할 때에는 내부 인테리어와 일관성이 있어야 한다고 생각했다. 그래서 내부와 동일한 벽지와 인테리어 장식품을 이용했다. 벽에 전기등을 달아서 장식품을 추가했는데, 전기 선을 창고 내부 가벽으로 뚫어서 밖에서는 보이지 않도록 했다.

그렇게 완성하고 나니, 내가 맨 처음에 상상했던 공간이 나온 것 같아서 만족스러웠다. 복도 공간의 도배와 템바 보드 셀프 인테리어는 작업 초반부에 한 것이라 조금 어수선해 보였지만 말이다. 복도 공간이라서 누군가 자세히 뜯어 볼 일이 별로 없다는 점이 그나마 다행이었다. 초심자의 어설픔을 사람들이 세심히 살피지 않기를, 그저 바랄 뿐이다.

앤틱 탁자 찾아 삼만리

작은 앤틱 탁자

　공간 내부에는 이런저런 작업을 사람들과 함께하는 큰 탁자가 있다. 여기에 나는 작은 탁자를 하나 더 구하고 싶었다. 작은 탁자 위에는 장식품과 함께 방명록을 올려 둘 예정이었는데, 이 탁자는 꼭 내가 원하는 것으로 고르고 싶었다. 탁자를 둘 위치가 출입문 옆이고 출입문은 전체적인 인상을 좌우하는 중요한 위치이기에, 탁자가 내 마음에 드는 디자인이어야 전체적으로 조화가 맞을 것 같았다.

　그런데 생각보다 내가 원하는 탁자를 찾는 게 쉽지 않았다. 일단 적당한 사이즈가 없었다. 너무 크거나, 너무 작았다. 탁자 위에 놓인 방명록을 쓰는 사람은 서서 쓸 수도 있고 의자에 앉아서 쓸 수도 있을 것이다. 그렇기에 적당한 사이즈를 찾으려 했는데, 사이즈가 맞으면 꼭 디자인이 마음에 들지 않았다. 내가 생각했던 앤틱한 느낌이 아니거나, 혹은 좀 더 레트로 쪽으로 치우쳐져 있거나, 혹은 둘 다 아니었다.

인터넷에서 마땅한 것을 찾지 못해서 서울 안에서 앤틱 탁자 파는 곳을 알아봤다. 여기에는 있겠지 싶어 신설동역 근처 풍물 시장까지 가 보았지만 고르기가 어려웠다. 디자인이 괜찮은 것은 너무 크고 가격도 비쌌다. 그러다가 한 중고거래 플랫폼에서 한 탁자를 발견했다. 중고이고 오래되었지만 내가 원하는 스타일이었다. 앤틱한 분위기의 탁자, 그리고 의자까지. 조금 고민한 뒤, 나는 바로 구매하기로 했다.

문제는 구매를 하려면 물건을 가지러 가야 하고, 구매한 후에는 직접 가져와야 하는데, 을지로까지 대중교통을 이용해서 옮길 수가 없었다. 택시 트렁크에 정도면 넣을 수 있지 않을까 싶었지만 직접 물건을 재 본 게 아니므로 확신할 수 없었다. 멋모르고 택시를 불렀다가 사이즈가 맞지 않으면 꽤 곤란해질 것이다. 역시, 트럭을 불러

야 할까. 자가용 안에 들어갈 법한 물건을 옮기려고 용달 트럭까지 써야 한다는 게 좀 이상했지만, 중요한 것은 문제없이 물건을 옮기는 것이었기에 난생처음 용달 트럭을 예약했다.

그렇게 탁자를 가지러 가는 날, 물건 주인은 정확한 주소를 알려 주지 않고 어디서 오른쪽 골목으로 꺾은 뒤 왼쪽으로 올라가라는 식의, 장황한 설명을 반복했다. 왜 앤틱 탁자를 사러 가는 그 길찾기마저 앤틱한 것인지, 답답함이 솟구쳤지만 꾹 눌렀다. 탁자를 구할 수 있게 되어 아무렴 다행이다 싶은 생각으로, 주소를 알려 주면 개인정보가 노출되기에 그런 것이겠지 하는 생각으로, 겨우 물건 주인을 만났다.

이사 준비를 하는지 물건들이 밖으로 빠져나와 있는 상태에서, 주차장 구석에 놓여 있는 앤틱 탁자가 보였다. 천막으로 덮여진 탁자는 팔겠다고 올려 둔 사진과 같았다. 공간에 잘 어울리겠다 싶은 빈티지한 느낌에, 작은 서랍도 있어서 안에다가 뭔가를 보관할 수도 있었다. 탁자를 가져온 후 위치를 잡아 배치해 보니, 내가 생각한 분위기와 잘 맞아 떨어졌다. 특히 위쪽에 작은 공간에는 선물로 받은 인형과 방명록, 액자를 올리니 찰떡이었다. 의자는 나사 부위가 조금 부서져 있었지만 조금 더 조이니 큰 문제없이 앉을 수 있었다. 그렇게 어쩌면 공간을 상징할 수도 있는, 출입구의 고풍스러운 아이템 하나가 완성됐다. 비록 의자의 쿠션 부분에 쌓인 먼지는 한참이나 털어야 했고, 지금도 나오는 것 같긴 해도 말이다.

가게에는 간판이 있어야지

간판 디자인

오픈 준비가 마무리될 즈음, 간판을 만들어야겠다는 생각이 들었다. 직접 디자인하는 것은 무리일 것 같아서 함께 할 다른 누군가를 찾기로 했다. 처음 생각했던 사람은 이전에 로고 디자인을 해 줬던 분이었는데, 아쉽게도 사정이 생겨 함께 할 수 없게 되었다. 결국 다른 곳에 주문제작을 맡겨야 했는데 간판에 대한 작업을 해 보는 것이 처음이라 어떻게 시작해야 할 지 아리송했다. 다행히 일전에 인테리어 시공을 알아보면서 프리랜서 플랫폼 하나를 알아둔 게 떠올랐다. 프리랜서 플랫폼이라면 내가 생각하는 작업물을 만들어 줄 사람이 한 사람은 있을 것이다.

프리랜서 플랫폼에는 다양한 작업자들이 있다. 큰 곳에 소속되어 일하는 경우도 있고, 저렴한 가격이나 좋은 평점, 많은 후기를 강점으로 내세우는 개인들도 있다. 그래서 작업자를 고를 때에는 나름의 기준이 있어야 했는데, 내가 중요하게 생각했던 기준은 홍보용으로 올라온 포트폴리오 이미지였다. 포트폴리오를 보면 전반적인 작업 분위기를 볼 수 있고, 또 결과물이 내가 생각하는 그런 분위기에 가까운 지 알 수 있었다. 그렇게 열심히 찾아본 끝에, 나는 내가 상상했던 이미지와 가장 분위기가 잘 맞다고 여겨지는 사람을 찾아 함께 작업하게 되었다. 이 사람의 포트폴리오에는 카페나 디저트 샵이 많았던 데다가 디자인의 결과물도 내가 생각했던 이미지와 잘 맞아 떨어졌다. 한 번 해 볼 만하다 싶었다.

처음에 나는 내가 원하는 형태의 디자인을 펜으로 얼추 그린 후 의뢰를 했다. 이런 것을 작업할 수 있는지 물어보았다. 나에게 중요한 것은 베이킹의 분위기가 잘 표현된 간판이었는데, 세련된 느낌보다는 투박함을, 전문성보다는 평범함을, 고급스러움 보다는 소박함을 담고 싶었다. 그래서인지 처음 시안을 받은 뒤에도 세 번정도의 수정을 요청했다. 마지막에 받은 최종본에는 다행히 내가 생각한 그런 느낌이 잘 담겨 있었다.

　디자인을 완성한 후, 나는 파일을 가지고 디자인을 철제 현판으로 만들어 줄 수 있는 곳을 찾아갔다. 파일이 모두 준비되어 있고 색도 정해져 있었기 때문에, 값을 지불하며 이렇게 해 주세요 하면 되는, 간단한 절차였다. 정작 제작에서 내가 걱정했던 부분은 색상의 표현이었는데 혹시 모니터에서 봤던 색과 실제 간판의 색깔이 다르게 나오면 어쩌나 싶었던 것이다. 그러나 결과적으로 색상은 내가 걱정했던 것보다 훨씬 잘 나왔다.

　간판을 만들기 전에는 내가 생각했던 분위기와 다른 디자인이 나올까 봐 걱정했고 완성된 간판이 디자인과 다를까 봐 또 걱정했었다. 그러나 다행히도 내 생각과 꼭 맞는 결과물이 나와 안심이 됐다.

　그리고 그 간판은 오늘도 공간에 찾아오는 사람들을 맨 처음 맞이해 준다.

PART 04

빵과 함께한 삶

베이킹이 바꾼 일상들

독일 룸메이트가 맛본 스테이크

바싹 탄 스테이크

대학교에 있을 때 독일로 교환학생을 갔었다. 미국을 가고 싶었던 내게 부모님은 곳곳에서 터지는 미국의 총기난사 사건들을 보라고, 저렇게 위험한 나라를 어떻게 가겠다고 하는 것이냐며, 갈 수 있다면 독일을 가라고 말씀하셨다. 전 세계 어디든 누군가는 총기난사를 하고, 누군가는 사제 폭발물을 터뜨리거나 정글도를 휘두를 수 있었지만, 그러니까 이곳이나 저곳이나 안전하지 않은 것은 마찬가지였으나, 나는 부모님의 말씀을 따르기로 했다.

다행히 운이 좋았던 나는 그런 무서운 일은 겪지 않았다. 그 뿐만 아니라 나름 좋은 경험도 하고 왔는데, 특히 요리에 관련된 경험이 많았다. 완전히 다른 문화권에 속한 국가 안에서 마트에 가고, 그 마트에서 장을 본 후 그 나라의 재료들로 요리를 해 먹는다는 것은 내게 정말인지 독특한 재미였다. 새로운 나라에 가면 그 나라의 마트를 구경하는 습관이 생긴 것도 아마 그때부터였을 것이다. 물론, 음식을 너무 많이 해먹은 탓에 교환학생 하던 도시에 있는 음식점을 거의 못 가봤다는 사실은 퍽 아쉬운 점이었으나, 달리 말하면 요리를 좋아하는 내 성향을 그곳에서 다시 한번 확인하게 되었다고 할 수 있다.

당시 재미있는 요리 레시피를 찾으면 바로 만들어서 먹어 보곤 했는데, 관심 있던 요리 중 하나가 스테이크였다. 당시의 나는 아직 스테이크에 대한 지식이 없고 관련된 정보를 찾는 것도 잘 모르는 상태였다. 몇 개의 유튜브 영상을 보거나 레시피를 읽어보는 게 전부였는데, 그때 내 생각은 한 가지였다.

'그러니까, 고기를 뜨거운 온도에서 구워 육즙을 가둬야 맛있는 스테이크가 나오는구나.'

나는 그때 고기를 아주 뜨거운 온도에서 구워야 한다

정도만 알았지, 뭔가를 더 해야 한다는 것을 생각하지 못했다. 그래서 내가 한국에서 들고 온 스텐 프라이팬에 식용유를 조금 두른 후 가열하기 시작했다. 분명히 유튜브 영상에서 봤던 것처럼 연기가 날 때까지 가열을 했다. 문제는 프라이팬에 뿌린 기름이 너무 적어서, 뜨거운 온도에 가열되다 못해 타서 증발하기 시작한 것이었다. 그 사실을 몰랐던 나는 아무 생각 없이 고기를 올렸고, 기름을 충분히 갖고 있지 않은 고기는 잔뜩 열 받은 스텐 팬 위에서 타기 시작했다. 나는 한참 후에야 뭔가 문제가 터졌다는 생각이 들었는데, 이상함을 감지하고 무작정 고기를 들어 도마 위에 올려놓자, 쓰고 있던 내 안경이 기름 증기로 뿌옇게 변한 것을 느낄 수 있었다.

좁은 부엌을 고기 탄 냄새와 기름 증기로 가득 채워 번들거리게 만든 나. 나는 그야말로 숯덩이 같이 생긴 스테이크 표면을 보며 이걸 과연 먹을 수 있을까 하는 의문을 품었다. 마침 지나가던 독일인 룸메이트가 보여서 급하게 붙잡았다. 내가 스테이크를 구웠는데 잘 구웠는지를 모르겠어서, 한 번 먹어 봐줄 수 있겠냐고 묻자 그는 흔쾌히 맛을 봐주었다. 그리고는 맛있다 했다. 정말…? 정말일까? 그의 말이 진심인지 예의인지 알 수 없었던 내가 확실하게 아는 것은 한 가지 뿐이었다. 스테이크를 입에 넣고 씹었을 때, 숯덩이 같았던, 겉 부분의 탄 맛이 입 속에 계속 맴돈다는 것이었다. '음……'

그렇게 나는, 지구 반대편 어느 독일인에게 바짝 탄 스테이크를 먹인 한국인이 되었다.

개구리는 잡아와 아니면 농장이 있어?
파리의 개구리 요리

 교환학생 시절, 파리에 두 번 갔었다. 한 번은 주머니의 동전까지 털어 방학 때 여행을 갔었고, 그 다음에는 살 것이 생긴 데다가 도시를 좀 더 돌아봐도 좋겠다 싶어 방문했었다. 처음 갔을 때에는 돈이 많지 않아 호스텔을 이용했었다. 호스텔의 특성 상 사람들이 많이 오갔는데 그 점을 악용한 일부 사람들이 몰래 공용공간에 들어와 물품을 쓰고 와이파이까지 쓰곤 했다. 그때 경비원에게 걸린 사람들이 쫓겨나기도 했는데 그 장면이 내게는 나름 신선한(?) 기억으로 남았다. 그 다음에는 왠지 호텔 숙박을 해도 재미있겠다 싶어서 저렴한 가격의 호텔을 예약했다.

사크레쾨르 대성당. 성당이 자리한 언덕을 걸어서 올라가다 보면 덩치 큰 외국인들이 어수룩한 관광객을 붙잡고 손목에 실오라기를 채운 뒤 팔찌를 착용했으니 사야 한다며 물건을 강매하다고 알려져 있다. '팔찌단 전설'로 유명했던 그 장소 근처에 내가 예약한 호텔이 있었다. 호텔 주변으로는 레스토랑도 몇 군데 있었는데 나는 유독 한 레스토랑에 자주 갔다. 파리 일정이 며칠 정도였으니 짧은 시간에 상대적으로 많이 방문한 셈인데, 자주 간 이유는 현지 분위기와 내부 느낌 때문이기도 했지만 무엇보다 가게에서 일하는 사람과 영어로 대화할 수 있기 때문이었다. 파리에서 흔하지 않게, 무난하게 영어로 대화할 수 있다니. 나는 음식에 관해 이것저것 물어볼 수 있겠다 싶었고 그 레스토랑을 다시 찾았다.

처음에는 소고기 스테이크를 먹었고 그 다음에는 오리고기를 먹었다. 그리고 파리의 마지막 저녁식사를 위해서 나는 또 그 음식점에 갔다. 뭔가 인상적인 메뉴를 먹고 싶어하던 내가 메뉴판에서 찾은 것은 개구리 요리였다. 사실 나는 '개구리를 먹는다'는 개념에 대해서는 어느정도 익숙해져 있었는데, 어렸을 적 부모님이 겨울 계곡에서 동면하고 있는 개구리를 잡아다가 송전탑 밑에서 구워 주거나 혹은 튀겨주는 것을 먹어 본 기억이 있기 때문이다. 그래도 개구리 요리의 맛은 또 다를 것 같았다. 어릴 적 읽었던 만화에서 언급하던 프랑스의 미식 요리 중 하나가 개구리 요리가 아니던가. 다리 잘린 개구리가 목발을 짚고 있었던 그 만화. 프렌치 레스토랑에서 나오는 요리는 송전탑 아래에서 굽거나 튀긴, 그런 것은 아닐 것이니 궁금해졌다.

개구리 요리를 주문하고 나서 얼마 지나지 않아 유리그릇에 담긴 음식이 나왔다. 깍둑썰기로 준비된 감자튀김, 샐러드, 그리고 밀가루로 코팅해 기름에 튀기듯이 구워낸 개구리 뒷다리가 있었다. 생선과 닭고기 그 사이 어딘가에 있는 그 맛. 그런데 요리를 먹다 보니 문득 궁금한 것이 생겼다. 개구리 다리가 이렇게 많은데, 사람들이 먹는 개구리를 전부 야생에서 잡아오는 것일까 아니면 개구리 농장 같은 것이 있는 것일까?

당시 대학생이었던 나는 소 농장, 혹은 돼지 농장처럼 개구리 농장이 있을 거라고는 상상도 하지 못했다. 그래서 이 개구리는 농장에서 오는지 아니면 야생에서 잡아오는지 물어봤는데, 가게 직원의 지식도 나와 별반 다르지 않았던 것 같다. 내 질문을 듣고는 열심히 핸드폰으로 검색했지만 별다른 소득을 얻지 못했으니까.

개구리 농장은 상상도 못 하고 던졌던 그때의 질문이, 지금 돌아보면 참 재미있다.

생일로 해 준 계란밥

계란밥

독일 교환학생을 하면서 만난 다양한 한국인들. 그들은 항상 음식 먹는 것에 어려움을 느끼고 있었다. 모여서 떠들 때 음식 이야기가 나오면 항상 한국에서 먹던 무엇이 생각난다, 김치를 담궈 볼까 고민한다, 식의 이야기들이 나왔다. 하지만 다행히도 나는 그런 어려움을 전혀 겪지 않고 있었다. 새로운 음식을 시도하는 것을 좋아했던 것인지, 식습관이 이미 너무 서구화된 것인지, 나는 한식을 떠올리는 일 없이 독일식 시리얼인 뮤즐리나 빵, 고기, 감자, 파스타 같은 것들을 맛있게, 번갈아 먹으며 잘 지내고 있었다.

물론 나도 밥이 먹고 싶을 때가 있긴 했다. 그러나 밥을 하는 방법을 알 수 없었고 알려고 하지도 않았다. 당시 대학생이었고 밥을 지어 본 적이 한 번도 없었던 나는 '밥이란 밥솥이 있어야만 하는 것'이라고 생각했기 때문이다. 강한 압력의 수증기로 강하게 눌러 줘야만 밥을 만들어질 거라 생각했으니, 밥솥을 들고 오지 않았던 나에게 밥이란 생각해볼 수 없는 문제였다. 그런데 어느 날 한국을 그리워하던 사람들이 결국 냄비로 밥을 해 먹었더라는 이야기가 들려왔다. 냄비로 밥을? 그제서야 냄비로도 밥이 가능하다는 신기한 사실을 알게 되었다. 검색해보니 '냄비밥' 만드는 법은 인터넷에서 쉽게 찾아볼 수 있었다. 밥 하는 법을 알았으니 이제 쌀을 구해야 한다. 찰기가 많은 한국식 쌀. 보통 독일 마트에는 동남아식 길쭉한 쌀이 많이 있었지만, 한국식 쌀을 구하는 게 생각보다 어려운 일은 아니었다. 식사가 아닌 후식용 쌀, 그러니까 쌀 푸딩 같은 디저트를 만드는 쌀이 한국에서 밥 지어먹는 쌀과 흡사했으니까.

그렇게 나는 냄비밥을 만들었고, 갓 만든 밥을 신기함 반 불신 반으로 먹어본 후 꽤나 놀랐다. 생각보다 쉽게 만들 수 있는데 압력밥솥 밥맛과 큰 차이가 느껴지지 않았기 때문이다. 그 후로 나는 종종 고기 요리를 만들며 '이

거 밥반찬으로 먹으면 맛있겠는데?' 싶은 순간에 종종 냄비밥을 했다.

그러던 어느 날, 독일인 룸메이트가 오늘이 자기 생일이라고 했다. '그럼 내가 특별한 요리를 해주지!' 싶어 뭔가 만들어주려 나섰는데 크게 떠오르는 요리가 없었다. 나에게는 특별한 요리가 그에게는 일상적인 요리일 수도 있다는 생각도 들었다. 그때 만들어 준 것이 계란밥이다. 우선 별다른 준비 없이 바로 만들 수 있었고 무엇보다 룸메이트에게는 특별할 수도 있겠다 싶었다. 갓 지은 냄비밥을 그릇에 담고, 잘 구운 계란 프라이를 올린 후 한국에서 받은 간장과 참기름을 뿌린 계란밥.

마침 그 친구의 생일 며칠 전 부모님이 유럽여행 차 기숙사에 들러 룸메이트와 인사를 나누고 가셨던 터라 이런 말이 절로 나왔다. "우리 엄마가 네 생일에 계란밥 해줬다고 하면 뭐라고 하실 걸?" 우리는 그 날 기숙사 주방에서 계란밥을 같이 먹었다. 간단하지만 맛있는, 내가 좋아하는 요리의 맛. 룸메이트도 좋다고 이야기해줘서 더 기뻤던 날이었다.

지금은 독일에서 함께했던 사람들과 연락도 끊어졌고

기억도 희미해져 간다. 하지만 그때 해 줬던 계란밥의 추억은 마음 속에 계속 남아 있다.

들어서는 순간 이곳이다 생각했던 곳

영국의 펍

  처음 런던에 갔을 때 이용했던 호스텔은 오래된 건물에 있었다. 그곳은 아침에 오믈렛을 만들어 주는 신기한 곳이었는데, 호스텔 조식으로 생각하기엔 진수성찬 아닐까 싶은 서비스가 재미있는 곳이었다. 숙소를 이용한 마지막 날, 나는 호스텔 직원에게 음식점을 추천해 달라고 했다. 이제 곧 런던을 떠나는데, 추천해 준 곳에서 저녁을 먹고 가려 한다고. 그때 직원이 추천해 준 곳이 한 곳 있었다.

  식당은 숙소에서 멀지 않은 곳에 있었다. 당시 배낭여행 중이었던 나는 짐을 다 챙겨 들고 식당으로 향했다. 음식점은 그 근처의 거리 이름을 따서 만든 듯한 간판을 달고 있었고, 입구 근처에 각종 식물을 심은 화분이 죽 늘어서 있었다. 가게 입구 앞에는 메뉴를 분필로 적은 칠판 스타일 입간판이 있었는데, 들어가니 오목 조목 뜯어볼 만한 공간이 나왔다. 스포츠 경기가 나오고 있는 텔레비전, 한쪽에 있는 당구대, 피아노까지. 게다가 벽을 가득 채운 다양한 장식들과 예스러운 느낌의 액자와 사진들, 벽걸이 선반에 올라가 있는 범선 모형, 양철 판 위에 프린트된 그림들이 넓지 않은 그 공간을 가득 채우고 있었다.

들어선 순간의 분위기가 좋아서 두리번거리며 가운데에 있는 바 테이블 자리에 앉았다. 메뉴를 보고 나서 뭘 먹을까 하다가 무난하게 스테이크를 골랐다. 음식을 기다리며 와인도 한 잔 먹을까 싶어 직원에게 물어보니, 그가 와인을 한번 맛보고 고르라며 가져왔다. 와인의 맛을 잘 모르던 당시의 내가 그때 느낀 것은 몇몇 와인의 다양한 맛이 아니라, 와인을 조금씩 맛보게 해 준 친절이었다.

스테이크를 먹고 난 후, 그 공간에서 좀 더 영국의 분위기를 느끼고 싶어서 직원에게 음식을 추천해 달라고 했다. 그런데 그때 지나가던 사람이 '영국스러운 음식을 찾는다면 셰퍼드 파이를 먹어보라'고 권유하는 게 아닌가. 알고 보니 그는 좀 전에 내게서 와이파이 비밀번호를 받아갔던 사람이었다. 와이파이 비밀번호를 찾아 서성이던 것을 보고 내가 쪽지에 번호를 써서 건네줬던 것이다. 그의 친절한 조언을 받아들이고 싶었지만 그러기엔 이미 스테이크를 너무 많이 먹은 상태였다. 다지고 양념한 양고기 위에 으깬 감자를 올린 셰퍼드 파이는 분명 괜찮은 요리였지만, 스테이크를 먹은 후 먹기에는 부담스러운 감이 있었다. 다행히 직원도 같은 조언을 해서 다른 메뉴를 추천받았다. 그것은 얇은 빵에 으깬 병아리콩 무스 같은 것을 곁들여 먹는 요리였는데, 내가 좋아하는 스타일은 아니었지만 새로운 경험으로 받아들였다.

그렇게 두 가지 요리에 와인 한 잔까지 먹고 난 후에도 시간이 조금 남아 식당 안에 앉아 있었다. 어디선가 온 아저씨가 뒷모습을 보이며 피아노를 연주했고, 그 주변 벽에는 액자와 다양한 장식물이 빼곡하게 들어차 있는 게 보였다. 이것저것 다양하게 섞인 장식물은 얼핏 보면 무질서해 보였지만, 다시 보면 전반적인 분위기가 하나로 어우러지며 독특한 느낌을 만들어냈다. 그곳에서 나는 '훗날 내가 어떤 공간을 꾸민다면 이런 느낌으로 하면 좋겠다'라고 생각했다. 사실 그곳에 들어선 그 순간부터, 그런 생각을 했다.

까다로운 동생이 인정한 홋카이도 명물

르타오 케이크

  2018년 동생과 함께 떠난 홋카이도 여행, 삿포로에서의 일정 중 하루는 오타루를 가 보기로 했다. 사실 오타루에 뭐가 있는지 잘 몰랐지만, 한국 사람들이 삿포로에서 하루 시간을 내어 많이 간다는 것은 알고 있었다. 운하가 있어서 홋카이도의 베네치아로 불린다는 것도.

  하지만 동생의 시선을 끈 것은 오타루의 인구가 점점 감소하여 유령도시가 되어 가고 있다는 인터넷 검색 결과였던 모양이다. 오타루를 조금 구경하던 동생은 뭔가 도시에 사람이 없는 것 같다 하면서 굳이 안 해도 되는 말을 꺼내기 시작했다. 이게 그의 평소 말버릇이었기에, 나는 적당히 흘려들은 후 오타루에 무엇이 있는지 찾아

보기 시작했다. 그리고 곧 한 장소에 가보고 싶어졌다. 바로 르타오 케이크 본점이다.

예전에 일본 여행을 갔다 오면서 출국장 면세점에서 팔고 있는 르타오 케이크를 먹어본 적이 있었다. 아무 생각 없이, 인기가 좋다는 말에 이끌려서 사 온 케이크를 사람들과 나눠 먹었는데, 그 맛은 산미가 하나도 없는 크림치즈케이크로 기억된다. 그때에는 아무런 정보도 없이 먹기만 하다가 '홋카이도의 특산품'이라는 한 마디만 기억했었다. 홋카이도에서 그 생각이 난 나는 예약했던 호텔 직원에게 물어보았다. 홋카이도 특산품인 치즈케이크인데 나무 느낌이 나는 둥근 상자에 담겨 있다고. 직원은 이거 아니냐며 르타오 케이크를 보여줬고, 나는 드디어 정확한 이름을 알게 되었다. 그 케이크 가게의 본점이 오타루에 있다는 것도.

얼마 걸리지 않아 도착한 오타루 본점. 동생은 그때까지 르타오 케이크를 먹어본 적이 없는 상태인 데다 원래 입맛이 까다로운 편이라 이게 그렇게 맛있느냐면서 의심하기 시작했다. 그 의심에 대답해 줄 케이크와 홍차 세트를 시켰는데, 동생은 케이크를 먹어 보고는 아무 말도 하

지 않았다. 그러더니 별다른 말없이 나가며 홍차 선물세트를 하나 샀다. 나는 케이크가 그저 그랬나 보다 생각하고 넘겼으나, 그 후 한국으로 돌아온 동생은 백화점에서 르타오 케이크를 몇 개씩 사 들고 오더니 냉동실에 쟁여두고 먹기 시작했다. 다행히 썩 마음에 들었나 보다.

특별한 일이 있을 때 나도 종종 한국에서 르타오 케이크를 사 먹는다. 내가 아는 치즈케이크는 약간의 산미가 있는데, 르타오 케이크는 치즈 산미가 느껴지지 않는 부드러운 맛이라 매력적이다. 한편 동생은 자신이 사온 홍차가 먹기 번거로운 잎차여서 그런지 끝끝내 다 먹지 못했는데, 그를 대신해 내가 다 먹었다. 나는 그 홍차의 꽃 향이 너무 마음에 들어서 그 뒤로 마시는 모든 홍차를 그것에 비교하고 있다.

홍차와 함께 부드럽고 산미 없는 맛이 너무 내 취향이었던 르타오 치즈케이크. 종류도 다양한 것처럼 보였는데 아쉽게도 홋카이도 이외의 지역에서는 새로운 맛을 구하는 게 쉽지 않아 보였다. 혹시 기회가 된다면 또 르타오에 가서 다시 치즈케이크를 먹어 보고 싶다. 입맛 까다로운 동생이 몇 번씩이나 사 먹을 정도로 맛있었던 그 치즈케이크를.

날씨가 덥네

독일 마트 앞 케밥 트럭

 독일 교환학생 시절, 나는 자주 마트에 장을 보러 다녔다. 요리를 하는 것도 좋아했고 마트 구경도 좋아해서 기숙사에서 조금 걸어가면 있는 마트에 자주 갔다. 마트는 기숙사에서 5분도 채 걸리지 않았는데, 가는 길에 작은 분수가 있는 공원이 있었다. 날이 따뜻할 때는 분수를 틀어두는 곳이라 운 좋으면 오리가 분수에 앉아 있는 것을 볼 수 있었는데, 가까이 가도 도망 안 가고 조금 움직여 거리만 유지하는 것이 새 구경을 하기에 딱 좋았다.

 이런저런 구경을 하며 마트에 도착하면 입구 쪽에 작은 카트가 놓여 있고 바로 앞쪽에는 과일과 야채가 쌓여 있었다. 안쪽으로는 육류와 냉장제품들이 있고, 더 들어가면 치즈와 공병 환불 기계, 주류, 파스타, 세제나 냉동 제품 등이 놓인 진열대가 있었다. 기숙사에 도착했던 첫날, 샴푸를 사야 하는데 샴푸가 독일어로 무엇인지 몰라 혼란을 겪다가 마침내 구글 번역기를 돌렸던 기억이 난다. 구글의 힘을 그제야 알아보고 겨우겨우 물건을 샀던 기억. 아마도 독일어 공부를 더 많이 했다면 다양한 제품 성분 같은 것까지 읽어보며 재미있게 시간을 보냈을 것이다. 여러 모로 마트는 아쉬움이 많이 남는 공간이다.

그렇게 마트 안에서 장을 보고, 유리병 맥주는 무거우니 적당히 사야 한다는, 매번 되뇌이지만 항상 지키지 못하는 생각을 뒤로한 채 잔뜩 무거워진 장바구니를 들고 계산을 마친다. 그리고 나면 마트 안 작은 베이커리가 있는 공간을 지나 우체국과 약국이 있는 밖으로 나올 수 있었다. 이 마트 입구 앞에는 일 주일에 한 번 정도 케밥 트럭이 와 있었다. 케밥은 꼬챙이에 끼운 커다란 고기를 열로 구워 뒀다가 주문이 들어오면 즉석에서 슥슥 잘라 빵 사이에 올리고 신선한 야채와 산미 있는 소스, 그러니까 요거트 소스 같은 것을, 뿌려 주는 메뉴였다. 콧수염과 덩치를 모두 갖춘 아저씨가 만들어 파는 케밥은 항상 내 궁금증을 자극했지만, 주문하기가 쉽지 않았다. 애초에 교환학생을 영어 점수로 지원해서 왔던 나는 독일어를 하나도 몰랐고, 독일어로 말을 한다는 것 자체에 두려움을 가지고 있었기 때문이다.

어느 날 그 케밥 맛이 너무나도 궁금했던 나는 트럭 앞에서 주문을 해 보기로 했다. 열심히 연습한 후 '되너 케밥 하나 주세요'라고 말하자 케밥 아저씨는 이전에 보았던 것처럼 익숙한 손놀림으로 고깃덩어리에서 고기를 잘라내고 빵 사이에 올렸다. 신선한 야채들도 가득 올리고는, 매운 향신료를 들어올렸다가 급하게 손을 흔드는 나를 보고는 다시 내려놓았다. 그 순간 아저씨는 뭐라고 했는데, 상대가 독일어로 한 마디라도 할까 긴장하고 있던 나는 전혀 알아듣지 못했다. 그러자 긴장한 나를 보던 아저씨는 손부채질을 하며 영어로 말했다.

"덥네."

볕이 강한 여름날에 고기가 구워지는 열기 옆에서 케밥을 만들고 있으니 더울 수밖에 없었을 것이다.

기숙사로 돌아와서 먹은 케밥은 야채가 한 가득 들어

있었다. 고기와 야채를 함께 먹는 건강한 맛이 좋아서 그 후로도 몇 번이나 사먹었다.

주임아 공기청정기 조심해라

돌이켜 본 대표의 말

 옛날에 잠실 쪽의 작은 무역회사에서 일을 했었다. 사원증이 있고 엘리베이터가 있고, 구내식당이 있고 익명 커뮤니티 게시판에서 회사 이름 들먹이면서 활동할 수 있는, 우리가 흔히 말하는 '회사'라고 하기에는 매우 작은 곳이었다. 내가 일을 시작했을 때 회사 전체 인원이 4명이었으니 말이다. 당시 회사에서 다루는 아이템에서 먼지가 많이 발생했는데, 그래서인지 사무실 구석에 공기청정기를 두었다. 일렬로 쭉 나열되어 있는 자리들 맞은편 구석에서 놓여 있던 그것. 이게 정말 돌아가는 것인지 안 돌아가는 것인지 알 수는 없었으나 어쨌든 무역 샘플들이 산처럼 쌓여 있고 물건을 '정리'라기보다 '적재'해둔 것에 가까웠던 어수선한 사무실 한 구석에서 열심히 돌고 있긴 했다.

　대표는 항상 나에게 '주임아 공기청정기 조심해라'라고 했다. 지나가면서 발로 건드리거나 하는 일이 없게 하라는 뜻 같았다. 그런데 공기청정기 위치가 샘플을 옮기거나 혹은 사무실 내부를 왔다 갔다 할 때 발로 건드리기 딱 좋은 위치에 있어서 어쩔 수 없이 건드리곤 했다. 돌이켜 보면 실제로 공기청정기를 발로 건드리는 일이 많지는 않았던 것 같은데 괜히 신경을 더 쓴 것도 있었다. 아니, 공기청정기를 살짝 건드린다고 해서 망가지는 것도 아니고, 그저 발 끝에 조금 닿는 정도일 텐데 몇 번씩이나 이야기하는 것은 좀 유별난 게 아닌가? 난 그가 예민하다고 느꼈고 이해도 되지 않았다.

　시간이 많이 흘렀다. 을지로 쪽에서 새롭게 공간을 오픈하며 내가 상상해왔던 중문을 주문 제작했다. 중문은 외부 공간과 내부 공간 사이를 가로막으면서 베이킹 하는 공간을 구분해 주는 중요한 역할을 했다. 나는 디자인이 아주 중요하다고 여겼기 때문에 시공업체에 의뢰하여 예산이 허락하는 선에서 가장 좋게 만들었다. 비록 완전히 내가 원하는 수준의 디자인까지는 아니었지만, 그래도 내가 할 수 있는 범위에서는 최선의 선택으로 진행했던 문이었다.

그런데 공간 오픈 초기, 친구들이 놀러왔을 때 그 중 한 명이 문을 발로 밀어서 여는 게 아닌가. 사실 문에는 중간 장치가 설치되어 있었다. 문이 빠르게 열리거나 닫혀도 파손되는 것을 막아 준다는 뜻이다. 하지만 문을 발로 밀어서 여는 친구를 보니 갑자기 매우 불편해졌다. 나도 항상 손으로 조심히 열고 닫는데… 물론 다들 술을 좀 마신 상태로 왔기 때문에 그럴 수 있겠다 싶었지만, 그래도 그 순간에는 '야 문 발로 열지 마'라며 이야기를 해야 하나 조금 고민했다.

문득 예전에 대표가 나에게 했던 이야기가 떠올랐다.
'주임아 공기청정기 조심해라.'

그가 왜 그때 내게 그렇게 말했는지 조금은 알 것 같았다. 물론 공기청정기는 발로 조금 건드린다고 해도 정상 작동하고, 을지로에 있는 중문은 발로 잘못 건드렸다간 나무 안쪽 유리가 파손될 수도 있다는 차이가 있긴 하지만 말이다.

시간이 지나고 나면, 문득 이해되는 이전의 말들이 있다. 특히 다른 자리에서 새로운 일을 할 때면 더욱 그렇다. 마치 공기청정기 조심하라는 말처럼.

스트레스는 위를 부풀게 한다

휴가 쓰기

일을 하다 보면 스트레스를 받을 일이 많겠지만, 나에게는 사실 그런 기억이 많지 않다. 돌이켜 보면 신기할 정도로 압박을 받지 않았구나, 싶기도 하다. 그런 내게도 기억에 남을 정도로 스트레스를 받은 때가 있었는데 바로 휴가 때문이었다. 내가 일했던 회사는 여름휴가 3일을 제외하고는 휴가를 쓸 수가 없는 곳이었다. 그런 시절이 있었다. 개인 사정으로 쓸 수 있는 휴가란 없던 시절, 함께 일하던 사람이 몇 년을 버티다가 퇴사를 했고 그 뒤로 두 명이 새로 입사를 했다. 그 사람들은 자신들이 들어오기 바로 직전 년도까지 자유롭게 쓸 수 있는 휴가란 없었다는 것을, 전혀 알지 못했다.

그러다가 이제 연차라는 개념이 생기면서 부장 중 한 사람이 회사 대표에게 휴가를 신청했다. 이틀을 붙여서 가족들과 제주도를 가고 싶다는 이유였다. 대표는 단칼에 거절했다. 그러자 대표가 참석하지 않은 점심식사 자리에서 부장은 휴가 이야기를 꺼냈다. 새로 온 두 사람도 있는 식사 자리에서. 나는 제발 그 이야기를 하지 않았으면 하는 마음으로, '너도 이틀 몰아서 휴가 쓴다고 하지 않았냐'는 부장에게, 지금 하기엔 적절치 않은 이야기인 것 같다고, 겨우겨우 대답했다.

점심식사를 마친 후, 부장들은 휴가에 관한 명확한 사내 규정이 없다는 것을 파악했고 좌우지간 대표와 휴가 사용에 대해 확실히 언질을 받으려고 했다. 계속되는 이야기에 초조해진 나는 잠시만 시간을 주시면 메일을 하나 보내드릴 테니 그걸 보고 가시는 것이 어떻겠냐 물었다. 고개를 끄덕이며 그러겠다는 부장에게 난 메일을 썼다. 나를 포함해서 이미 일하고 있던 사람은 회사가 어떤 곳이었는지 충분히 알고 있으니 그렇다고 치지만 지금 온 지 몇 달 안된 사람들은 어떻게 할 것인가? 서로서로 눈치를 보면서 휴가 하나 제대로 못 쓰는 모습을 보며 속으로 뭐라고 생각할 것인가? 이 사람들은 이제 앞으로도 지금 같은 모습이 계속되며 바뀌지 않을 거라고 여기지 않을까? 여기까지가 내가 메일로 따질 수 있었던 이야기다. 그리고 말할 수 없었던 진짜 이야기는 여기서부터다.

처음 면접을 봤을 때 회사 사람들에게 휴가를 챙겨주지 못해 미안하다던 대표가 지금 보이는 태도는 진짜 휴가를 못 챙겨줘서 미안한 것이 맞는지? 휴가가 직원에게 당연히 부여되는 권리가 아니라 회사가 베풀어 주는 아량처럼 이미 분위기가 형성되어 있는 게 잘못 아닌지? 이런 상황에서 대표는 직원들이 눈치 보는 걸 당연하다 여길 텐데 새로 온 사람들한테까지 이 분위기가 전해지면 그 후의 사태는 부장님이 책임질 수 있는 것인지?

메일을 쓰는데 바로 느낌이 왔다. 그래 이거다. 이게 바로 스트레스를 받으면 생기는, '위 안 좋아지는 느낌'이다. 누군가 명치를 걷어찬 것 같은 답답함. '홧병'이라는 게 이런 걸까. 메일을 쓰고 따뜻한 물을 연거푸 마셨다. 걸어 다니면서 명치를 쓰다듬어 보니 진짜로 위가 부푼 것이 느껴지는 것 같았다. 뭔가를 먹는다면 바로 체할 것이고, 이 상태로는 잠을 자기도 쉽지가 않을 것이다. 위가 좋지 않은 사람들은 이런 기분을 하루 종일 느끼고 있겠지.

다행히 스트레스 받은 위의 불편한 감각이 사라지기까지 오랜 시간이 걸리지는 않았다. 부장이 회신으로 보낸, 자기 아래에 있는 사람들에게 그런 불편함이 없도록 하겠다는 메일의 내용 때문은 아니었다. 내가 여태까지 경험했던, 조직에서는 앞으로 나서서 개선하려는 행동이 쓸모가 없다는 사실을 새삼 이해해서도 아니었다.

그것은 아마도 바꿀 수 없는 현실을 바꾸려 할 때 인간의 불행이 시작된다는 것을 알았기 때문일 것이다. 삶은 내가 바꿀 수 없는 것들로 가득하고 그것을 바꿀 수 있다는 기대가 불행의 시작이 된다는 것을 알아버렸기 때문에. 나는 기대하지 않는 법을 먼저 배웠다. 그것이 회사에서건, 삶에서건 간에.

가서 사장님 술 좀 따라야지

회식의 기억

중국 협력업체 사장님이 회사를 방문한 적이 있었다. 긴밀한 협력 관계인 사람들까지 한국에 오기도 했고, 우리도 중요한 고객사 미팅이 막 끝난 터라 다같이 회식을 하기로 했다. 회식 장소로 정해진 가게는 장어집이었다. 부장은 고객사 미팅으로 고생한 사람들이 많아서 보양식으로 꼽히는 메뉴를 골랐다고 말했다. 그 마음씀씀이에서 진심이 느껴졌다. 물론 나는 장어 요리를 그다지 좋아하지 않아서 많이 먹는 일은 없었지만.

불행하게도 메뉴를 고른 진심과 회식의 분위기는 별개의 문제였다. 회식에 함께한 협력업체 사람들과 우리 회사 사람들은 이전에 함께 일한적이 있었다. 그 말은 회식

자리에 앉으면 자연스럽게 자신들의 옛날 기억을 떠든다는 뜻이다. 별로 공감되지도 않는, 옛날 사람들의 반짝이던 과거 자랑처럼 느껴지는 이야기들.

내 양 옆에 앉은 두 사람은 입사한 지 얼마 되지 않은 상태였다. 나는 그 중 한 사람에게 혹시 장어 좋아하는지 물어보았고, 다행히 좋아한다고 해서 '제 것까지 많이 드세요' 했다. 다른 쪽에 앉은 사람에게 물어보니, 살면서 처음 먹어본다고 했다. 20대 중반인데 장어를 한 번도 안 먹어봤다는 게 가능할까? 별 관심 없다는 얘기를 고도로 완곡하게 처리하는 건 아닐까, 하는 생각이 순간 머리를 스쳤다.

장어가 불판 위에서 익어가고, 다들 잔에 소주를 채웠다. 한두 잔 먹기 시작하자, 부장들이 말을 걸어오기 시작했다. '왜 이렇게 술을 안 마셔?' '벌써 빼는 거야?' 옆에 앉은 대표는 잔에 따른 맥주를 나눠 마셨고, 협력업체 사장은 술은 알아서 적당히 마시자고 했다. 그 와중에 부장들이 외쳤다. '가서 사장님 술 좀 따라 드려야지.' '원래 이런 자리에서는 사장님 술 좀 따라 드리는 거야.'

그 순간 옛날 기억 하나가 떠올랐다. 일전에 봤던 영화의 장면 하나가 인상적이라 기억하고 있었다. 까칠한 음식 평론가 안톤 이고가 소박한 야채 요리 라따뚜이를 먹었던 장면. 의심 가득 찬 마음으로 보잘 것 없던 음식 라따뚜이를 맛본 그가, 그 순간 보잘 것 없던 자신의 옛날 추억으로 들어간 장면 말이다. 물론 안톤 이고가 들어간 추억은 돌아가고 싶어도 돌아갈 수 없는 아련한 어릴 적 기억이었던 반면, 내가 떠올린 추억은 조금 다른 톤이긴 했다. 대학교 때 종종 가졌던 선배들과의 술자리. 술을 먹기 시작하면 술병을 들고 누군가에게 인사를 하러 다니고, '어디 사니?' 하면 '서울이요' 하다가 '서울이 전부 니 집이니?' 라는 말을 듣고, 자리에 앉아 있으면 '술은 돌렸니?' 라는 질문이 날아오던, 그런 술자리들.

10년 넘는 시간이 흐른 지금, 그 옛날 문화는 전혀 다른 곳에 남아 있었다. 그러고 보면 한국은 전통문화를 보존하는데 눈에 불을 켜고 있구나 싶기도 했다. '동방예의지국'이 바로 이런 것이구나 싶기도 하고. 회식 자리가 어느 정도 무르익자, 술에 취한 사람들은 어떻게 하면 사회에서 성공할 수 있는지 우리에게 조언을 쏟아냈다. 그 조언이 우리를 성공시킬 수 있을지, 당장 5년 뒤의 미래를 준

비하고, 결혼하고, 가족을 만들고, 그들을 위한 자산을 모으게 할 수 있을지 나는 의문이었다. 냉소적이다 못해 웃음이 나올 정도의, 웃기지도 않은 현실에 정말 도움이 될까?

흔하디 흔한 회식이 또 한 번 지나갔다. 피곤했다.

먹고 살자고 하는 일인데 밥들 먹으면서 해

대표의 미소

　내가 무역회사에서 일하던 시절, 4인 규모의 작은 회사에서 대표가 회람판을 돌린 적이 있었다. 회람판에는 야근을 하지 마세요, 야근은 불허합니다, 라고 적혀 있었고 직원들이 서명을 하는 칸이 있었다. 회사에 있던 사람들은 그 옆에다가 사인을 했다. 나도 했다. 그리고 그날 우리는 모두 야근을 했다.

　한때 한국 회사에서 야근이란 핏줄에 이미 들어가 있는, 마치 국밥을 선호하는 것과 같은 어떤 문화적 코드가 아닐까 생각해 본 적이 있다. 한 번은 일이 많아서, 들어온 지 얼마 되지 않은 사람부터 부장들까지 퇴근을 넘긴 시간까지 회사에 남아있던 적이 있었는데, 늦은 시간에도 다들 집에 안 가고, 아니 못 가고 있자 대표가 웃으면서 말했다. 아니 늦었는데 왜 집에 안 가고 있어? 일을 할 거면 저녁을 사먹고 해.

일이 많아서 저녁에 집에 못 갈 때가 있는가 하면, 점심에도 일이 많아서 밥을 먹지 못하는 경우가 있었다. 보통 식사를 오후 한 시에 시작하는데, 두 시가 넘어서까지 밥을 못 먹었던 것이다. 그렇게 일을 하고 있으면 대표가 다가와 말했다. 먹고 살자고 하는 일인데 왜 밥들을 안 먹고 있어, 밥들 먹고 해. 대표는 웃으면서 말했다.

사람의 웃음이란 다양한 종류가 있어서, 그냥 웃는 것도 있고, 자신의 감정을 숨기기 위해 웃는 것도 있고, 더 큰 웃음을 가리기 위해 적당히 웃는 것도 있다. 내가 본 그때 대표의 웃음은 마지막에 해당했다. 아주 즐거워 보였으니까. 일이 많아서 야근을 하고, 점심을 못 먹고 있는 그 모습을 지켜보며 웃다니.

일이 많아서 정해진 시간에 집에 못 가고, 점심 먹을 시간에 밥을 못 먹고 있는 것이 웃을 일인가? '야근할 거면 밥 사먹고 하라'고, '먹고 살자고 하는 일인데 적당히 하고 점심 먹으러 가라'는 말이 웃으면서 할 수 있는 그런 말인지 나는 궁금하다. 조직 관리자 입장에서는 구성원들이 집에 갈 시간을 넘기고 밥을 먹을 시간을 못 지키면서 일을 한다고, 그러니까 돈을 벌면서 앉아 있는 게 기분 좋은 일일 수도 있다. 아니 기분 좋은 일일 것이다. 그러니 입꼬리가 귀에 걸릴 정도의 함박웃음이 나오는 것을 참고 작은 웃음으로 살살 찍어 누르겠지. 그 정도로 기분이 좋은 거겠지.

하지만 나는 아니었다. 집에 가고 싶었고 배가 고팠다. 아니 그 보다 나를 더 힘들게 하는 것, 그러니까 내 기분을 좋지 않게 만들었던 것은 함께 일하는 사람들이 나와 같은 상황을 겪는 것을 지켜봐야 한다는 것이었다. 늦게 집에 가고, 밥을 못 먹으면서 일 하는 그런 모습들.

내가 그때 봤던 대표의 웃음으로, 나는 아무래도 나와 그의 생각이 같지 않음을, 굳이 같아질 필요도 없음을 깨달았다.

매너다, 매너야, 매너라고

커피 나르고 들은 말

무역 회사에서 일하다 보니 사무실을 이전할 기회가 생겼다. 이전하면서 업무 환경은 예전보다 좋아졌다. 멀끔한 오피스 건물에 들어가게 되었고 사무실 안에 커피 기계도 생겼다. 새로 생긴 커피 머신은 주변에서 흔히 보이는, 분쇄된 원두 가루를 이용해 아메리카노를 내리는 기계였다. 종이컵에 믹스 커피 타서 대접하던 옛날과 달라져서 그런지, 아니면 사무실을 나름 깔끔하게 재단장해서 그런지 외부인이 방문하는 횟수도 이전보다 부쩍 늘었다.

그러다 보니 종종 회사를 방문한 사람들에게 커피를 대접해야 할 때가 있었다. 보통 그런 일은 사무실에서 가

장 연차가 낮은 직원이 하는데, 그게 나였다. 어느 날 외부에서 손님이 와서 대표가 커피 좀 가져다 달라고 했다. 차가운 것 드시겠느냐 아니면 따뜻한 것 드시겠느냐고 물어본 뒤 별 생각 없이 커피를 종이컵에 내려서 가져갔다. 그런데 나는 여태껏 커피를 별로 날라 본 적이 없었다. 게다가 예전에도 그렇고 지금도 그렇지만 나는 내가 관심이 없고 잘 모르는 것에 대해서는 정말 그 어떤 주의도 기울이지 않는 편이었다. 가령 드라마나 영화에서 한국식 문화로 커피를 전달할 때 어떻게 들고 가는지, 가져가서 어떻게 두는지 같은 것들에 그 어떤 관심도 기울이지 않는 것이었다. 빵이라면 모를까, 커피라니… 커피를 어떻게 가져가야 하는 지 정확히 알지 못했던 나는 커피 기계 앞에서 서성이다가 두 잔을 종이컵에 내린 후 그대로 들고 가서 두 사람 앞에 하나씩 내려놓았다.

손님이 나가고 난 후, 대표는 나를 호출했다. 아무 생각 없이 일을 하고 있다가 가 보니 그는 커피 기계 옆에 있는 냉장고를 뒤적이고 있었다. 시선을 냉장고에 둔 채 대표가 말했다. '커피를 가져다 줄 때는 쟁반 위에 올려서 가져다 주는 거야.' 냉장고를 뒤적거리던 그의 행동은 뭘 의미하는지는 잘 모르겠다. 어쩌면 눈을 보면서 이야기하면 마음이 그대로 전달될 것 같아서 눈을 피한 것이었을까. 하지만 그 다음에 했던 말은 또렷이 기억난다. 어느 정도 간격을 두고 대표는 나직이, 비슷한 말을 세 번 반복했다. '커피를 가져다 줄 때 쟁반 위에 가져다 주는 것이 매너다. 매너야. 매너라고.'

그 뒤로 나는 커피를 가져갈 때 꼭 접시에 받쳐서 들고 갔다. 관심 없는 것에 아예 신경을 쓰지 않던 나였지만, 다행히도 누군가가 이야기해준 것을 써먹는 정도는 할 줄 알았던 모양이다. 아니면 목소리를 높이지 않고 반복해서 한 이야기가 인상깊었는지도 모른다. 자기 생각을 명확히 전달하는 것처럼 느껴졌으니까. 속에 있는 감정을 조절하면서 메시지만 전달하는 것처럼 느껴지기도 했었다. 이런 사소한 것들이 내게 도움이 됐다.

우여곡절이 많이 있었고 매 순간이 반짝였다고 말하기는 힘든 무역회사 시절이었지만, 그래도 나름 다양한 것들을 배워 내 것으로 만들 수 있었던 시간이기도 했다. 사소하게 배운 것들이 인생에서 좋은 가르침이 된 것이다.

요즘도 난 커피를 가져다 줄 때 쟁반을 쓴다.

대표님, 사장님, 선생님, 현준님

마음에 드는 호칭

싱크대 쪽 수도꼭지에서 물이 샜다. 사람을 불러야 하는데, 맨 처음에 수도꼭지를 연결한 사람이 다시 와서 해결해 줘야 하는 문제였다. 결국 그는 다시 와서 교체를 해 줬는데, 나를 대표님 이라고 불렀다. 기분이 묘했다. 대표님이라면 모름지기 건물 꼭대기 사장실에서 비서실 따로 두고 출퇴근 도와주는 사람도 있고 그래야 하는 것 아닌가? 나는 근처 큰 건물에서 점심 시간마다 나오는, 사원증을 하나씩 걸고 나오는 대기업 회사원들을 선망의 시선으로 바라보는데. 아마 대표라면 짬뽕을 삼선짬뽕으로 바꾸는 것 외에도 선택할 수 있는 게 많을 것이다. 그래서인지 참 나하고는 안 맞는 호칭이라 느꼈다.

종종 다른 사람들과 업무적으로 얽힐 때 '대표님'이라는 호칭이 어색해서, 비슷한 입장이라면 차라리 사장님이 낫다 싶었다. 사장님이나 대표님이나 나와 거리가 있는 것은 비슷하지만, 그래도 사장님은 잘 모르는 상황에서 예의 있게 상대방을 부르는 호칭이기도 하니까. 상대방이 대표님, 혹은 사장님, 할 때마다 그 호칭과 실제 내가 하는 일 사이의 간극이 뼈저리게 느껴지니, 사람들과 업무적으로 얽힐 때에만 드물게 듣는 호칭이라는 게 그나마 다행이다.

업체와 얽힐 때가 아니라, 사람들과 함께 베이킹을 할 때에는 조금 다른 호칭을 듣기도 한다. 재료를 준비하고 여기서 어떻게 섞으면 된다는 설명을 하다 보면 자연스럽게 '선생님'이라고 부르시는 분들이 있다. 그 호칭을 들으면 내 머릿속에 주마등처럼 고등학교 선생님들이 떠오른다. 아니, 내가 선생님이라고 불릴 만한 삶을 살았던가? 누군가가 '저렇게 살아야 한다'고 했을 때 난 '저렇게'는 살아본 적 없는 것 같은데. 굳이 따지자면 '내가 그래도 쟤보단 낫다'에서 '쟤' 정도의 위치가 내 자리가 아닐까 싶은 마음이다. 그렇게 선생님이라는 표현도 참 나와 안 맞다고 생각한 나는, 선생님이라고 부르시는 분들이 있으면 '조금 부담스러우니, 호스트님 아니면 현준님 이라고 불러달라'고 한다.

'현준님'이라고 부르려면 이름을 외워야 해 번거로울 수도 있으니, '호스트님'이라고 불러줘도 좋다. 뭔가 거창한 사업체를 운영하면서 자개 명패가 있어야 할 듯한 사장님 혹은 대표님 호칭이 아니고, 전문적인 학교나 학원에서 공부하고 나서 완벽한 만듦새를 위해 노력하고 그런 제품을 판매하는 선생님이나 '쌤'과도 다른 것. 그저 베이킹에 관심이 있어서 찾아온 다른 사람들과 마찬가지로, 그저 베이킹을 좋아할 뿐인, 하지만 어떻게 하면 더 쉽고 편하게 결과물을 만들어 낼 수 있을지 하는 고민을 할 뿐인, 그런 사람.

그러니 현준님 정도가 딱 어울린다. 호스트님도 좋고.

에필로그

생각보다 안 저렴한
취미를 하는 이유

비록 지금 내가 하고 있는 베이킹은 취미와 일 사이의 그 어딘가가 되어 버렸지만, 그래도 취미로 베이킹을 한다고 이야기 하게 되면 막연히 듣는 말이 있었다. 집에서 빵이나 쿠키를 만들어 먹으면 저렴하겠다, 사먹는 비용을 많이 아낄 수도 있겠다, 하는 말들.

하지만 취미에는 돈이 들고, 그것은 베이킹이라고 다르지 않다. 오랫동안 꾸준히 하지 않는 이상, 언제 다시 만들 지 모르는 베이킹을 위해 오직 그 메뉴만을 위한 틀을 선반에 쌓고 오직 그 메뉴에서만 쓸 수 있는 재료를 냉장고에 채운다. 그닥 효율적이지 않고, 돈도 꽤 들어간다. 특히나 결과물이 기대했던 것과는 많이 다른 방향으로 나올 때, 여러 가게에서 안정적으로 만들어져 나온 빵과 쿠키들은 꽤 유혹적이다. 아니, 그 고생과 비용이면 차라리 사 먹는 게 낫지 않을까 싶은 것이다. 왜 사 먹을 수 있는 것을 굳이 만들어 먹겠다며 사서 고생하는 것인가.

그러나 취미 베이킹에는 단순히 맛있는 빵이나 쿠키를 저렴하게 만드는 것과는 다른 재미가 있다. 바로 만든 것을 다른 사람들에게 가볍게 나눠줄 수 있다는 것. 이건 다른 요리와 비교했을 때에도 차별점이 되는데, 만약 내가 스테이크를 좋아해서 만들었다면, 그래서 다른 사람들에게 스테이크를 나눠 주거나 혹은 만들어 주겠다고 하면 받는 사람은 순간적으로 의심할 수 있다. '혹시 이 사람이 보험이나 돌장판을 권유하려는 것 아닐까?'

하지만 베이킹으로 만든 것은 잘 모르는 사람에게도, 잘 아는 사람에게도 가볍게 주기 좋다. '이거 제가 만든 거니까 한번 드셔 보세요' 하며 주면 곧바로 선물이 된다. 주는 사람도 받는 사람도 부담 없는 작은 선물.

그래서 나는 베이킹을 한다. 만든 것들을 주위 사람들

에게 아낌없이 나눠준다. 특별할 거 없던 베이킹 일정에도 여러 번 찾아와준 사람들, 친분이 있는 지인들, 얼굴은 모르지만 오늘 미팅에 나타날 누군가에게까지. 잘 알고 있던 사람들부터 처음 만나는 사람들까지, '내가 만든 것을 드셔 보라' 하면 곧 '먹어보니 맛있더라'라고 돌아오는 그 경험이 즐겁다. 다른 사람들에게 즐거움을 준 것 같아서 특별하고 의미 있다.

내가 그러하듯, 함께 베이킹을 하고 또 주위에 나눠주는 것이 좋아하는 사람들이 주변 어딘가에 또 있을 것이다. 그러니 한 번 참여했던 일정에 또 참여하고, 양손에 디저트를 들고 행복한 표정으로 돌아가는 것일 테다.

나와 비슷한 이유로 베이킹을 좋아하는 사람들이 있고 그들을 도와줄 수 있어서 오늘도 나는 베이킹을 준비한다.

이제 오븐을 켤게요

빵과 베이킹, 그리고 을지로 이야기

발행일　2025년 8월 15일 1판 1쇄

지은이　　문현준
편집　　　마담쿠, 코디정
본문　　　디자인 서승연
표지　　　디자인 서승연
마케팅　　우섬결

펴낸곳　　이소노미아
서울시 종로구 율곡로 2길 7 서머셋팰리스 303호
T 010 2607 5523 ｜ F 02-568-2502
Contact　h.ku@isonomiabook.com
펴낸이　　구명진

ISBN　　　979-11-90844-48-2

* 사전 서면 동의 없이 이 책의 본문 일부 또는 전체를 무단으로 복제 및 배포하는 것을 금합니다.
* 잘못 인쇄된 책은 구입하신 서점에서 교환해 드립니다.